公民新法早知道系列

阳光普法
关注民生 传播法律

民法典
物权编
热点问题
150问

MINFADIAN
WUQUANBIAN
REDIAN WENTI 150 WEN

中国法制出版社
CHINA LEGAL PUBLISHING HOUSE

前言／Preface

《中华人民共和国民法典》是新中国成立以来第一部以“法典”命名的法律，是新时代我国社会主义法治建设的重大成果。民法典系统整合了新中国70多年来长期实践形成的民事法律规范，汲取了中华民族5000多年优秀法律文化，借鉴了人类法治文明建设有益成果，是一部体现对生命健康、财产安全、交易便利、生活幸福、人格尊严等各方面权利平等保护的民法典。

为加强民法典的宣传教育，讲清楚实施好民法典，让民法典走到群众身边、走进群众心里，我们组织力量编写了这套《公民新法早知道系列》，用问答和漫画相结合的形式阐释了民法典中与民生相关的热点问题与立法亮点，帮助广大读者及时掌握民法典中的一系列新规定新概念新精神。

希望本书的出版能够回应广大人民群众的关切，普及民法典法律知识，使大家认识到民法典既是保护自身权益的法典，也是全体社会成员都必须遵循的规范，形成遇事找法的习惯，培养解决问题靠法的意识和能力。

编者

2020年7月

目录／Contents

上篇　看图说法

下篇　问答解法

第一分编　通则

第五章　国家所有权和集体所有权、私人所有权 / 61

第六章　业主的建筑物区分所有权 / 71

第三分编　用益物权

上篇
看图说法

1. 房屋买卖必须依法登记才生效吗?

《中华人民共和国民法典》

第二百零八条　不动产物权的设立、变更、转让和消灭，应当依照法律规定登记。动产物权的设立和转让，应当依照法律规定交付。

第二百零九条第一款　不动产物权的设立、变更、转让和消灭，经依法登记，发生效力；未经登记，不发生效力，但是法律另有规定的除外。

第二百二十五条　船舶、航空器和机动车等的物权的设立、变更、转让和消灭，未经登记，不得对抗善意第三人。

普法讲堂

虽然因卖方又将房屋卖给他人并办理了登记手续，在先签订房屋买卖合同的当事人不能取得房屋的所有权，但是可以追究卖方的违约责任。而对于小汽车等特殊动产的买卖而言，在卖方没有为第一位买受人办理所有权转移登记的情况下，如果第二位买受人不知道前述买卖关系存在，则有权要求卖方为自己办理登记手续。

2. 哪些情形下可以申请不动产预告登记？

《中华人民共和国民法典》

第二百二十一条第一款　当事人签订买卖房屋的协议或者签订其他不动产物权的协议，为保障将来实现物权，按照约定可以向登记机构申请预告登记。预告登记后，未经预告登记的权利人同意，处分该不动产的，不发生物权效力。

普法讲堂

预告登记后，债权消灭或者自能够进行不动产登记之日起九十日内未申请登记的，预告登记失效。因此，预告登记并不是一劳永逸的，当条件成熟时还需及时进行正式登记哦！

3. 居民小区内车位的归属和使用是如何规定的？

《中华人民共和国民法典》

第二百七十五条 建筑区划内，规划用于停放汽车的车位、车库的归属，由当事人通过出售、附赠或者出租等方式约定。

占用业主共有的道路或者其他场地用于停放汽车的车位，属于业主共有。

第二百七十六条 建筑区划内，规划用于停放汽车的车位、车库应当首先满足业主的需要。

普法讲堂

业主对建筑物内的住宅、经营性用房等专有部分享有所有权，对专有部分以外的共有部分享有共有和共同管理的权利。小区内规划用于停放汽车的车位、车库，开发商可以出售、附赠或者出租给业主。对于占用小区道路修建的停车位，产权不在开发商而在全体业主手里，可以由业主大会讨论决定如何进行利用。

4. 居民小区的哪些事项必须由业主共同决定？如何共同决定？

《中华人民共和国民法典》

第二百七十八条第一款 下列事项由业主共同决定：

（一）制定和修改业主大会议事规则；

（二）制定和修改管理规约；

（三）选举业主委员会或者更换业主委员会成员；

（四）选聘和解聘物业服务企业或者其他管理人；

（五）使用建筑物及其附属设施的维修资金；

（六）筹集建筑物及其附属设施的维修资金；

（七）改建、重建建筑物及其附属设施；

（八）改变共有部分的用途或者利用共有部分从事经营活动；

（九）有关共有和共同管理权利的其他重大事项。

普法讲堂

业主共同决定事项，应当由专有部分面积占比三分之二以上的业主且人数占比三分之二以上的业主参与表决。筹集建筑物及其附属设施的维修资金，改建、重建建筑物及其附属设施，改变共有部分的用途或者利用共有部分从事经营活动的，应当经参与表决专有部分面积四分之三以上的业主且参与表决人数四分之三以上的业主同意。决定上述法条中规定的其他事项，应当经参与表决专有部分面积过半数的业主且参与表决人数过半数的业主同意。

5. 居民小区的停车位收入、电梯及楼房外墙面的广告收入，归谁所有？

《中华人民共和国民法典》

第二百八十二条 建设单位、物业服务企业或者其他管理人等利用业主的共有部分产生的收入，在扣除合理成本之后，属于业主共有。

普法讲堂

有些小区的物业公司未经业主同意，擅自出租停车位，在小区的电梯、道路、外墙、健身设施等业主共有空间中安置广告牌，损害了业主的合法权益，物业公司因此取得的收益在扣除合理的成本之后，应当归业主共有。

6. 居民小区的电梯坏了、屋顶漏水了，如何维修?

《中华人民共和国民法典》

第二百八十一条　建筑物及其附属设施的维修资金，属于业主共有。经业主共同决定，可以用于电梯、屋顶、外墙、无障碍设施等共有部分的维修、更新和改造。建筑物及其附属设施的维修资金的筹集、使用情况应当定期公布。

紧急情况下需要维修建筑物及其附属设施的，业主大会或者业主委员会可以依法申请使用建筑物及其附属设施的维修资金。

普法讲堂

电梯损坏、屋顶漏水等可以使用建筑物及其附属设施的维修资金进行维修。建筑物及其附属设施维修资金，有时也称专项维修基金，是指根据法律规定建立的专门用于住宅共用部位、共用设施设备保修期满后进行大规模维修，以及坏旧部分的更新和改造的资金，以使其保持正常使用功能或者不断提高其使用效能或者使其具有新的效能。

7. 如何设立居住权？

《中华人民共和国民法典》

第三百六十七条　设立居住权，当事人应当采用书面形式订立居住权合同。

居住权合同一般包括下列条款：

（一）当事人的姓名或者名称和住所；

（二）住宅的位置；

（三）居住的条件和要求；

（四）居住权期限；

（五）解决争议的方法。

第三百六十八条　居住权无偿设立，但是当事人另有约定的除外。设立居住权的，应当向登记机构申请居住权登记。居住权自登记时设立。

普法讲堂

有些老年人为了感谢继承人以外的人对自己的长期照顾，承诺在自己去世后将房屋留给其居住。为了避免日后发生争议，双方最好签订书面的居住权合同。居住权合同的成立应当符合一般合同成立的基本条件，即具有民事行为能力的人在自愿的基础上达成的一致意思表示。除此之外，居住权合同中需要尽可能地写明当事人和住宅的具体信息，以及居住条件和居住期间，并进行登记。只有这样，在发生争议时才能将其作为支持自己主张的依据。

8. 居住权必须经登记才能设立吗?

《中华人民共和国民法典》

第三百六十六条　居住权人有权按照合同约定，对他人的住宅享有占有、使用的用益物权，以满足生活居住的需要。

第三百六十八条　居住权无偿设立，但是当事人另有约定的除外。设立居住权的，应当向登记机构申请居住权登记。居住权自登记时设立。

第三百六十九条　居住权不得转让、继承。设立居住权的住宅不得出租，但是当事人另有约定的除外。

第三百七十条　居住权期限届满或者居住权人死亡的，居住权消灭。居住权消灭的，应当及时办理注销登记。

普法讲堂

登记是居住权设立的必经程序。现实中，为了切实保障居住权人生活和居住的需要，应当及时办理居住权登记。同时，如果他人恶意通过哄骗、胁迫等方式获得居住权，房屋的实际权利人也可以通过主张该居住权没有经过登记而不具有法律效力来维护自己的权利。

9. 法律对相邻权利人建造建筑物有哪些禁止性规定?

《中华人民共和国民法典》

第二百九十三条　建造建筑物，不得违反国家有关工程建设标准，不得妨碍相邻建筑物的通风、采光和日照。

第二百九十五条　不动产权利人挖掘土地、建造建筑物、铺设管线以及安装设备等，不得危及相邻不动产的安全。

普法讲堂

相邻权是指不动产的所有人或使用人在处理相邻关系时所享有的权利。具体来说，在相互毗邻的不动产的所有人或者使用人之间，任何一方为了合理行使其所有权或使用权，享有要求其他相邻方提供便利或是接受一定限制的权利。例如，建设和使用房屋时，不得影响相邻一方的正常通行，不得影响相邻一方的通风、采光和日照等。

10. 把别人的东西未经其同意出卖，买方能否取得所有权？

《中华人民共和国民法典》

第三百一十一条　无处分权人将不动产或者动产转让给受让人的，所有权人有权追回；除法律另有规定外，符合下列情形的，受让人取得该不动产或者动产的所有权：

（一）受让人受让该不动产或者动产时是善意；

（二）以合理的价格转让；

（三）转让的不动产或者动产依照法律规定应当登记的已经登记，不需要登记的已经交付给受让人。

受让人依据前款规定取得不动产或者动产的所有权的，原所有权人有权向无处分权人请求损害赔偿。

当事人善意取得其他物权的，参照适用前两款规定。

第三百一十三条　善意受让人取得动产后，该动产上的原有权利消灭。但是，善意受让人在受让时知道或者应当知道该权利的除外。

普法讲堂

善意取得制度是指无处分权人将财产有偿转让给第三人，如果受让人取得该财产时出于善意，则受让人将依法即时取得对该财产的所有权的一种法律制度。如果购买者是出于善意以合理的市场价格购得这个花瓶，并且他也不知道出卖人是未经所有人同意而擅自出卖的，即可基于善意取得制度而获得这个花瓶的所有权。善意取得制度的设立是为了维护商业交易秩序，它保护的是善意第三人的交易安全。如果买受人在购买时明知原权利人的存在，则不能适用善意取得制度。

11. 住宅建设用地使用权期限届满后怎么办？

《中华人民共和国民法典》

第三百五十九条　住宅建设用地使用权期限届满的，自动续期。续期费用的缴纳或者减免，依照法律、行政法规的规定办理。

非住宅建设用地使用权期限届满后的续期，依照法律规定办理。该土地上的房屋以及其他不动产的归属，有约定的，按照约定；没有约定或者约定不明确的，依照法律、行政法规的规定办理。

普法讲堂

住宅建设用地使用权期限届满后，不需要土地使用权人办理申请和审批手续，自动续期。值得注意的是，住宅建设用地使用权续期需要缴纳一定的费用，应根据法律、行政法规的规定确定全额缴纳或者予以减免。

12. 在已出租的财产上设立抵押的，对原租赁关系有什么影响？

《中华人民共和国民法典》

第四百零五条　抵押权设立前，抵押财产已经出租并转移占有的，原租赁关系不受该抵押权的影响。

普法讲堂

房屋租赁关系受法律保护。在房屋租赁合同签订后，无论是房屋发生所有权变更还是被设定了抵押权等他物权，均不影响租赁合同的继续履行。出租人出卖租赁房屋的，应当在出卖之前的合理期限内通知承租人，承租人享有以同等条件优先购买的权利；但是，房屋共有人行使优先购买权或者出租人将房屋出卖给近亲属的除外。

13. 农村集体土地被征收会有哪些补偿？

《中华人民共和国民法典》

第二百四十三条 为了公共利益的需要，依照法律规定的权限和程序可以征收集体所有的土地和组织、个人的房屋以及其他不动产。

征收集体所有的土地，应当依法及时足额支付土地补偿费、安置补助费以及农村村民住宅、其他地上附着物和青苗等的补偿费用，并安排被征地农民的社会保障费用，保障被征地农民的生活，维护被征地农民的合法权益。

征收组织、个人的房屋以及其他不动产，应当依法给予征收补偿，维护被征收人的合法权益；征收个人住宅的，还应当保障被征收人的居住条件。

任何组织或者个人不得贪污、挪用、私分、截留、拖欠征收补偿费等费用。

普法讲堂

为了公共利益的需要，依照法律规定的权限和程序可以征收集体所有的土地和组织、个人的房屋以及其他不动产，但征收不是无偿的，更不能侵害被征收人的合法权益。法律规定，任何组织或者个人不得贪污、挪用、私分、截留、拖欠征收补偿费等费用。

14. 村民可以查阅、复制集体财产状况的相关资料吗?

《中华人民共和国民法典》

第二百六十四条 农村集体经济组织或者村民委员会、村民小组应当依照法律、行政法规以及章程、村规民约向本集体成员公布集体财产的状况。集体成员有权查阅、复制相关资料。

普法讲堂

集体所有的财产受法律保护,禁止任何组织或者个人侵占、哄抢、私分、破坏。如果农村集体经济组织、村民委员会或者其负责人作出的决定侵害了集体成员的合法权益,受侵害的集体成员可以请求人民法院予以撤销。

15. 土地承包经营权期限届满可以继续承包吗?

《中华人民共和国民法典》

第三百三十二条　耕地的承包期为三十年。草地的承包期为三十年至五十年。林地的承包期为三十年至七十年。

前款规定的承包期限届满，由土地承包经营权人依照农村土地承包的法律规定继续承包。

普法讲堂

根据农村土地承包的有关法律规定，耕地承包期届满后再延长三十年，草地、林地承包期届满后依照规定相应延长。承包人要维持土地的农业用途，未经依法批准不得用于非农建设；依法保护和合理利用土地，不得给土地造成永久性损害。

16. 法律如何保护土地经营权的流转？

《中华人民共和国民法典》

第三百三十九条 土地承包经营权人可以自主决定依法采取出租、入股或者其他方式向他人流转土地经营权。

第三百四十一条 流转期限为五年以上的土地经营权，自流转合同生效时设立。当事人可以向登记机构申请土地经营权登记；未经登记，不得对抗善意第三人。

普法讲堂

允许土地经营权流转的规定是对农村土地所有权、承包权、经营权“三权分置”改革的进一步落实，有利于合理规划、高效利用农村土地资源。允许对土地经营权合同进行登记，使其具有对抗善意第三人的效力，则有利于防止承包方随意解除合同或同时将土地经营权转让给不同的人，保护土地经营权人的利益。

下篇
问答解法

第一分编　通则

第一章　一般规定

1. 民法典物权编调整的范围是什么？

根据《民法典》第 205 条的规定，物权编调整的范围是因物的归属和利用产生的民事关系。

其中，物包括不动产和动产，以有体物为主。除此之外，法律还规定有的权利可以作为物权客体，如权利质权和权利抵押权等。物的归属，是指物的所有人是谁，明确物的所有人是对物进行利用的前提，也有利于减少纷争。物的利用，则是指所有权人对其所有物进行使用或者交由他人使用，通过对物的利用能够增进物的使用价值和交换价值。

2. 物权保护的原则是什么？

平等保护原则。《民法典》第 207 条规定，国家、集体、私人的物权和其他权利人的物权受法律平等保护，任何组织或者个人不得侵犯。其中“其他权利人”，是指无法完全纳入“国家”“集体”和“私人”的权利人，如公益性基金会等。

对物权实行平等保护，有利于维护市场经济主体的平等地位，促进公平竞争，可以有效地规范社会主义市场经济的基本秩序，为构建和谐社会提供法制保障。

3. 物权的公示方法有哪些?

登记和交付。根据《民法典》第 208 条的规定，不动产物权的设立、变更、转让和消灭，应当依照法律规定登记。动产物权的设立和转让，应当依照法律规定交付。

公示将物权的实际状态表彰于外，通过对交易人信赖利益的维护，向社会提供统一的、稳定的、普遍信服的法律基础。通过登记和交付，可以让交易中的当事人清楚地了解该物的物权状态，进而判断进行交易是否存在风险，有利于维护交易当事人和实际权利人的利益，避免造成不必要的损失。物权的公示具有一定的推定效力：要想了解一项不动产的物权状态，就要查询不动产登记簿，它是物权归属和内容的根据，除登记错误需要依法更正的外，不动产登记簿上记载的人就是该不动产的权利人；要想知道一项动产属于谁，就看谁占有它，动产在谁的手里，除有相反证据外，谁就是该动产的权利人。

第二章　物权的设立、变更、转让和消灭

第一节　不动产登记

4. 不动产物权何时生效？

根据《民法典》第 209 条第 1 款的规定，不动产物权的设立、变更、转让和消灭，经依法登记，发生效力；未经登记，不发生效力，但是法律另有规定的除外。

我国的不动产采取登记生效主义，要设立、变更不动产物权的，必须到有关部门进行登记，登记能够产生对抗效力。因此，买卖房屋等不动产必须依法经过登记才发生物权变动的效力。例如开发商把房子卖给两个人，第一个人已经支付了价款但是没有及时办理过户登记，第二个人虽然没有支付价款开发商却先为其办理了过户登记，此时由第二个人享有房屋的所有权。在这种情况下，势必会涉及对第一个人不公平的问题，此时其可以依照有关法律规定，追究开发商的违约责任。

这里的“法律另有规定的除外”，主要包括三个方面的内容：

（1）本条第 2 款所规定的，依法属于国家所有的自然资源，所有权可以不登记，但在国家所有的土地、森林、海域等自然资源上设立用益物权、担保物权的，需要依法登记才能生效。（2）本章第三节规定的物权设立、变更、转让或者消灭的一些特殊情况，即主要是非依法律行为而发生的物权变动的情形：第一，因人民法院、仲裁机构的法律文书或者人民政府的征收决定等，导致物权设立、变更、转让或者消灭的，自法律文书或者征收决定等生效时发生效力；第二，因继承取得物权的，自继承开始时发生效力；第三，因合法建造、拆除房屋等事实行为设立或者消灭物权的，自事实行为成就时发生效力。（3）考虑到现行法律的规定以及我国的实际情况尤其是农村的实际情况，民法典物权编并没有一般规定不动产物权的设立、变更、转让和消灭必须经依法登记才发生效力。例如，在土地承包经营权一章中规定，“土地承包经营权自土地承包经营权合同生效时设立”。

5. 如何进行不动产登记？

根据《民法典》第 210 条的规定，不动产登记，由不动产所在地的登记机构办理。国家对不动产实行统一登记制度。统一登记的范围、登记机构和登记办法，由法律、行政法规规定。

不动产登记机构登记事项的分工和管辖权限，按照不动产机构所在的行政区域为标准进行划分。根据《不动产登记暂行条例》的规定，不动产登记由不动产所在地的县级人民政府不动产登记机构办理；直辖市、设区的市人民政府可以确定本级不动产登记机构统一办理所属各区的不动产登记。跨县级行政区域的不动产登记，由所跨县级行政区域的不动产登记机构分别办理。不能分别办理的，由所跨县级行政区域的不动产登记机构协商办理；协商不成的，由共同的上一级人民政府不动产登记主管部门指定办理。

国家实行不动产统一登记制度。不动产登记遵循严格管理、稳定连续、方便群众的原则。不动产权利人已经依法享有的不动产权利，不因登记机构和登记程序的改变而受到影响。

6. 当事人申请不动产登记，需要提交哪些材料？

《民法典》第211条规定，当事人申请登记，应当根据不同登记事项提供权属证明和不动产界址、面积等必要材料。

该条只是作了一个原则性的规定，而根据《不动产登记暂行条例》的规定，申请人应当提交下列材料，并对申请材料的真实性负责：（1）登记申请书；（2）申请人、代理人身份证明材料、授权委托书；（3）相关的不动产权属来源证明材料、登记原因证明文件、不动产权属证书；（4）不动产界址、空间界限、面积等材料；（5）与他人有利害关系的说明材料；（6）法律、行政法规以及本条例实施细则规定的其他材料。不动产登记机构应当在办公场所和门户网站公开申请登记所需材料目录和示范文本等信息。根据办理的具体业务不同，需要提交的具体资料和收费标准也会有所差异。其中，“权属来源证明材料”可以包括合同、法院判决或者征收决定等。

7. 我国登记机关的职责有哪些？

根据《民法典》第212条第1款的规定，登记机关应当履行以下职责：（1）查验申请人提供的权属证明和其他必要材料。我国登记程序的启动主要依靠当事人的申请，申请人应提供相关的权属证明和其他必要材料，否则登记机关无法进行必要的审查。登记机关审查的范围主要包括：申请人、委托代理人的身份证明材料以及授权委托书与申请主体是否一致；权属来源材料或者登记原因文件与申请登记的内容是否一致；不动产界址、空间界限、面积等权籍调查成果是否完备，权属是否清楚、界址是否清晰、面积是否准确；法律、行政法规规定的完税或者缴费凭证是否齐全。（2）就有关登记事项询问申请人。比如询问当事人是否具有行为能力、是否是物权人、原因行为是否存在等，这与实际权利人的直接利益相关，必须明确。（3）如实、及时地登记有关事项。登记机关应当及时准确地进行登记。假如登记机关不能如实、及时地对有关事项进行登记，那么就会严重影响公示的作用，进而降低登记机关的公信力。（4）法律、行政法规规定的其他职责。该规定属于兜底条款，还需要相应的法律法规予以细化。

《民法典》第212条第2款还规定，申请登记的不动产的有关情况需要进一步证明的，登记机构可以要求申请人补充材料，必要时可以实地查看。由此可见，登记机关还享有一定的调查权。

8. 法律对登记机构有哪些禁止性规定？

根据《民法典》第213条的规定，登记机构不得有下列行为：（1）要求对不动产进行评估。这是因为登记是对物权变动的一种公示，而评估是对价值的确定。价值的确定及大小问题与公示无关。（2）以年检等名义进行重复登记。登记的效果是公示，如果没有发生物权变动的话，就没有必要进行重复登记。重复登记只会增加当事人和登记机构的工作量，浪费资源。（3）超出登记职责范围的其他行为。超出登记职责不仅是滥用权力的表现，而且违反了不动产登记应当遵循的"严格管理、方便群众"的原则，应当坚决制止，以提高办事效率，避免给群众带来不必要的负担。

9. 不动产登记簿和不动产权属证书的关系是怎样的？

《民法典》第216条第1款规定，不动产登记簿是物权归属和内容的根据。第217条前段规定，不动产权属证书是权利人享有该不动产物权的证明。

不动产登记簿是指用于记载不动产现状以及与该不动产相关的权利关系的簿册，其实质上是国家建立的档案簿册，具有公开性。不动产登记簿由登记机构管理。而不动产权属证书是指在不动产登记机构对不动产情况进行审查、登记后，颁发给不动产权利人用于证明其享有不动产权利的证书。不动产权属证书可以作为某人享有不动产物权的证据，当事人之间发生权属争议时，一般情形下可以依据不动产权属证书来解决纷争，确认权利。

一般情况下，不动产登记权属证书反映的权利状况与不动产登记簿记载的内容应当是一致的，如果存在不一致的情形，根据《民法典》第 217 条后半段的规定，除有证据证明不动产登记簿确有错误外，以不动产登记簿为准。从该规定可以看出，不动产登记簿的证明力强于不动产登记权属证书。

另外，根据《民法典》第 214 条的规定，不动产物权的设立、变更、转让和消灭，依照法律规定应当登记的，自记载于不动产登记簿时发生效力。也就是说，不动产物权设立、变更、转让和消灭生效的时间为“自记载于不动产登记簿时”，即不动产物权登记自登记机构将不动产物权有关事项记载于不动产登记簿时，始告完成。

10. 不动产物权合同何时生效？与物权登记有何关系？

根据《民法典》第 215 条的规定，当事人之间订立有关设立、变更、转让和消灭不动产物权的合同，除法律另有规定或者当事人另有约定外，自合同成立时生效；未办理物权登记的，不影响合同效力。

物权的“设立、变更、转让和消灭”基本上是由两个不同的法律事实构成的。首先是作为物权变动原因的法律事实，其中包含着当事人债权的意思表示；其次是物权变动的法律事实，这是当事人物权的意思表示。这两种法律事实包含着当事人不同的意思表示，具有不同法律基础，在本质上应当进行区分。当事人之间能否发生债法上的效果，要看当事人的意思表示是否真实、合法；而当事人之间的物权变动则应以动产的交付和不动产的登记为要件，原因行为有效成立不一定必然导致物权变动，所以不能以一份有效的合同当作自然发生物权变动的根据。因此，合同是当事人双方之间平等自愿的合意，它不必然地与物权登记联系在一起。登记是针对民事权利变动设定的制度，它必然与物权变动所取得的法律效力紧密地联系在一起，是对物权变动所采取的一种公示方法。例如，当事人双方订立了房屋买卖合同之后，合同就已经生效，如果没有办理登记手续，房屋所有权不能发生移转，但买受人基于有效合同而享有的相应权利仍然受到保护。违约的当事人一方应当承担违约责任。

11. 如果不动产登记簿记载的事项错误，应该怎么办？

根据《民法典》第 220 条第 1 款的规定，权利人、利害关系人认为不动产登记簿记载的事项错误的，可以申请更正登记。不动产登记簿记载的权利人书面同意更正或者有证据证明登记确有错误的，登记机构应当予以更正。其中，“权利人”是指对登记的不动产享有所有权或他物权的人，而“利害关系人”则是指与登记的不动产有一定现实利益关系，并有可能因登记结果的变动而对其利益产生影响的人。

更正登记的方式有两种：一是当事人申请，权利人、利害关系人认为不动产登记簿记载的事项有错误，可以申请更正登记。权利人申请更正登记的，应当提交下列材料：（1）不动产权属证书；（2）证实登记确有错误的材料；（3）其他必要材料。利害关系人申请更正登记的，应当提交利害关系材料、证实不动产登记簿记载错误的材料以及其他必要材料。二是登记机构依职权进行，不动产登记机构发现不动产登记簿记载的事项错误，应当通知当事人在三十个工作日内办理更正登记。当事人逾期不办理的，不动产登记机构应当在公告十五个工作日后，依法予以更正；但在错误登记之后已经办理了涉及不动产权利处分的登记、预告登记和查封登记的除外。

12. 什么是异议登记？其效力如何？

《民法典》第 220 条第 2 款规定，不动产登记簿记载的权利人不同意更正的，利害关系人可以申请异议登记。登记机构予以异议登记，申请人自异议登记之日起十五日内不提起诉讼的，异议登记失效。异议登记不当，造成权利人损害的，权利人可以向申请人请求损害赔偿。

由此可知，异议登记是指在不动产登记簿记载的权利人不同意更正的情况下，利害关系人对不动产登记簿记载的有关权利主体、内容的正确性提出不同意见的登记。如果利害关系人提起了异议登记，不动产登记簿上记载的权利人的权利在一定期限内会受到限制，以此来保障提出异议登记的利害关系人的权利。

利害关系人申请异议登记的，应当提交下列材料：(1) 证实对登记的不动产权利有利害关系的材料；(2) 证实不动产登记簿记载的事项错误的材料；(3) 其他必要材料。异议登记期间，不动产登记簿上记载的权利人以及第三人因处分权利申请登记的，不动产登记机构应当书面告知申请人该权利已经存在异议登记的有关事项。申请人申请继续办理的，应当予以办理，但申请人应当提供知悉异议登记存在并自担风险的书面承诺。异议登记会使得不动产物权处于不稳定的状态，因此，应当将这种不稳定的状态控制在一定的时间内，避免真正的权利人受到损失。所以，异议人应当自异议登记之日起十五日内提起诉讼。如果十五日后不起诉，异议登记也就自然失去其效力。

13. 预告登记的适用范围是什么?

根据《民法典》第 221 条的规定，当事人签订买卖房屋的协议或者签订其他不动产物权的协议，为保障将来实现物权，按照约定可以向登记机构申请预告登记。预告登记后，未经预告登记的权利人同意，处分该不动产的，不发生物权效力。预告登记后，债权消灭或者自能够进行不动产登记之日起九十日内未申请登记的，预告登记失效。

据此，买卖房屋的协议与其他不动产物权的协议（如不动产抵押协议等）均可适用预告登记。如在商品房预售中，购房者可以就尚未建成的住房进行预告登记，以限制开发商把已出售的住房再次出售或者进行抵押。也就是说，在办理了预告登记后，房屋所有人不得进行一房多卖，否则，其违反房屋预告登记内容作出的处分房屋所有权的行为无效。值得注意的是，预告登记主要是为了保护买受人的利益，如果买受人不愿意进行预告登记，则法律不宜强制其办理登记手续 。

预告登记与一般的不动产登记的区别表现在：一般的不动产登记是不动产物权在已经完成的状态下所进行的登记，而预告登记则是为了保全将来发生的不动产物权而进行的一种登记。预告登记作出后，并不导致不动产物权的设立或变动，而只是使登记申请人取得一种请求将来发生物权变动的权利。纳入预告登记的请求权，对后来发生的与该项请求权内容相同的不动产物权的处分行为，具有排他效力，以确保将来只发生该请求权所期待的法律结果。

14. 当事人提供虚假材料申请登记的应当承担怎样的责任?

《民法典》第222条规定，当事人提供虚假材料申请登记，造成他人损害的，应当承担赔偿责任。因登记错误，造成他人损害的，登记机构应当承担赔偿责任。登记机构赔偿后，可以向造成登记错误的人追偿。

其中，提供“虚假材料”，是指登记申请人在申请登记的时候，以故意伪造、篡改等方式提供虚假材料，如伪造他人的身份证和产权证等材料，将他人的财产设定抵押并进行登记，或者非法处分他人的财产等。这些弄虚作假的行为都可能对真正权利人造成损害。

申请人提供虚假材料办理房屋登记，给真正的权利人造成损害，房屋登记机构未尽合理审慎职责的，应当根据其过错程度及其在损害发生中所起的作用承担相应的赔偿责任。登记机构的责任，以发生实际损害为前提。如果没有造成实际损害后果，登记机关应该履行更正登记的义务，而无须承担赔偿责任。

第二节　动产交付

15. 动产物权何时发生效力？

《民法典》第224条规定，动产物权的设立和转让，自交付时发生效力，但是法律另有规定的除外。“交付”，指的是物的直接占有的转移，即一方按照法律的要求，将物的直接占有移转给另一方。

动产物权以占有和交付为公示手段。占有主要在静态下，即在不发生物权变动的情况下发挥动产物权的公示作用；而交付主要是在动态下，即在发生物权变动的情况下发挥动产物权的公示作用。“动产物权的设立和转让”，主要是指当事人通过合同约定转让动产所有权和设立动产质权两种情况。

“法律另有规定的除外”，主要包括以下三种情形：第一，《民法典》第226条至第228条对动产物权的设立和转让所规定的一些特殊情况。第二，《民法典》第229条至第231条对主要是非依法律行为而发生的物权变动问题所作的规定。第三，本编对动产抵押权和留置权的相关规定。

16. 如何理解船舶、航空器和机动车等的物权效力？

《民法典》第225条规定，船舶、航空器和机动车等的物权的设立、变更、转让和消灭，未经登记，不得对抗善意第三人。

根据该规定，船舶、航空器和机动车等特殊动产的物权变动一般在交付时发生效力，但应当以登记为公示方法。值得注意的是，该登记不是物权变动的要件，而只是该物权产生社会公信力的要件，即该类动产的物权未经登记，不能对抗善意第三人。

所谓善意第三人，是指不知道也不应当知道物权发生了变动的物权关系相对人。界定善意第三人的范围，应当满足以下要求：一是主观善意，要求该第三人主观上对特殊动产已在先交付不知情。由于交付才产生物权变动的效果，因此可以将其理解为，该第三人对是否交付不知情。二是客观上支付了合理对价并已经办理了登记手续，即第三人对于该特殊动产享有正当物权利益。

由于船舶、航空器和机动车等特殊动产价值高，有的甚至高于普通不动产，且移动性强，因此在交易过程中，登记在后的当事人应当负有一定调查或查询其权利状态的义务。这是因为，如果在登记权利人办理登记之前未进行调查或者知道此特殊动产已经交付，而依旧办理变更登记手续，则登记权利人具有恶意或重大过失，会侵害实际在先交付人的权利。因此，恶意登记人不能因登记取得物权。

17. 什么是简易交付？

简易交付是动产物权变动的一种特殊规则，又称“无形交付”或“在手交付”，是指行为人在动产物权变动前，通过寄托、租赁、借用等方式实际已经占有该动产的，权利人为其设立或向其转让该动产物权，无须现实交付，在物权变动的合意成立时，视为交付，即发生物权变动的效力。

《民法典》第226条规定，动产物权设立和转让前，权利人已经占有该动产的，物权自民事法律行为生效时发生效力。在这种情况下，动产物权的公示已经事先完成，物权受让人已经能够依物权排他性行使物权，动产的现实交付已经没有实际意义。因此，物权的变动就在当事人签订的关于物权变动的协议生效时生效。这里规定的“民事法律行为”主要是指动产的所有人与受让人达成转移所有权或设定质权的合同行为。

在简易交付中，要注意两点：一是受让人须于动产物权设立和转让前占有该动产，但无须考虑受让人基于何种原因占有该动产；二是当事人之间不仅要有物权让与的合意，而且该合意生效之时，才发生物权变动的效力。在司法实践中，还要注意按照法律有关法律行为生效要件的规定，审查当事人之间的质权设立或动产所有权转让合同是否生效，并据此判断物权变动是否发生效力。

18. 什么是指示交付？

指示交付是动产物权变动的一种特殊规则，指标的物由双方以外的第三人实际占有时，转让人将对第三人的返还请求权让与受让人，以代替标的物的实际交付。

《民法典》第 227 条规定，动产物权设立和转让前，第三人占有该动产的，负有交付义务的人可以通过转让请求第三人返还原物的权利代替交付。在动产由第三人占有的情况下，动产物权的让与人对其所转让的标的物不享有物理意义上直接占有和控制的可能，其无法通过现实交付的方式使动产物权发生变动，而只能通过转让请求第三人返还原物的权利来代替交付。这里的“第三人”是指能够对所转让的动产进行物理意义上直接占有和直接控制的一方，主要包括基于合同等关系而产生的能够对动产进行直接占有和控制的有权占有人和不具备法律上的正当原因而占有动产的无权占有人。

指示交付的成立需具备两个条件：一是当事人订立了转让所有权的合同。二是让与人应当将所有权转让的事实通知标的物的实际占有人。

19. 什么是占有改定?

占有改定是动产物权变动的一种特殊规则，是指在动产交易中，出让人在出让标的物时，基于生产、生活的需要仍需继续占有该动产，此时双方可以通过协议，使受让人间接占有该标的物，以取代现实交付从而获得所有权。《民法典》第228条规定，动产物权转让时，当事人又约定由出让人继续占有该动产的，物权自该约定生效时发生效力。该规定即指“占有改定”。

占有改定是观念交付的一种，即动产所有权的转移是通过当事人的合意在观念中完成的。财产出让人将其特定财产让与他人，同时又与受让人约定债权关系并依此保留对该财产实际占有的复合法律行为。占有改定通过让与财产的物权行为和约定占有的债权行为形成了双重占有：出让人对物的直接占有和受让人对物的间接占有；同时又意味着完成了两次拟制交付：基于物权变动的交付和基于债务（如租赁）履行的交付。这一过程虽不含有实际交付内容，却具有物权变动和履行交付的双重法律意义。但是在这种情况下，无论双方约定采取何种形式，口头或者书面，第三人都无从察知物权的变动，因此在进行交易时就要通过善意取得制度对其加以保护。

第三节　其他规定

20. 因法律文书、征收决定发生的物权变动何时发生效力？

根据《民法典》第229条的规定，因人民法院、仲裁机构的法律文书或者人民政府的征收决定等，导致物权设立、变更、转让或者消灭的，自法律文书或者征收决定等生效时发生效力。

人民法院制作的法律文书包括判决书、裁定书、调解书、决定及其他的通知、规定。在一般情况下，并非人民法院作出的所有法律文书都可以引起物权的变动，只有消灭或变更当事人之间曾经存在的民事法律关系的裁判才能引起当事人之间的物权变动。此时，物权变动的生效时间是法院作出的法律文书的生效日期。同理，仲裁机关作出的法律文书、人民政府作出的征收决定引起的物权变动的法律时间也是该法律文书或征收决定的生效日期。

21. 因继承取得的物权何时发生效力？

根据《民法典》第230条的规定，因继承取得物权的，自继承开始时发生效力。“继承开始时”，是指“被继承人死亡”之时。这里的“死亡”，既包括事实死亡，如老死、病死、意外事故致死等，也包括宣告死亡。在宣告死亡的情况下，自判决确定的被继承人死亡之时继承开始。

根据继承法律关系的基本制度和原则，物权自行为成就时便自发的发生转移，如遗产的所有权在继承开始时已经发生了转移，继承人无须办理过户登记手续。但是这种物权变动并不一定为社会所知，如果此时继承人在社会上处分像房屋这种价值较高的财产，必然会给交易带来巨大的风险。因此，《民法典》第232条作了补充规定，即使买卖的是合法继承的房屋，如果没有办理相关登记手续，则房屋的所有权不会发生转移，买卖双方只存在合同上的债权债务关系，买方有权要求卖方配合办理登记手续。

22. 如何理解因事实行为引起的物权效力？

《民法典》第231条规定，因合法建造、拆除房屋等事实行为设立或者消灭物权的，自事实行为成就时发生效力。

事实行为是行为人不具有设立、变更或消灭民事法律关系的意图，但依照法律的规定能引起民事法律后果的行为。具体而言：首先，事实行为是人的一种有意识的活动，与自然事实有别；其次，事实行为是一种法律事实，即能够在人与人之间产生、变更或终止民事法律关系；最后，事实行为不以意思表示为要素，即行为人是否表达了某种心理状态，法律不予考虑，只要有某种事实行为存在，法律便直接赋予其法律效果。

本条规定的“事实行为”，是指用钢筋、水泥、砖瓦、木石建造房屋或者用布料缝制衣服、用木料制作家具、将房屋拆毁等，能引起物权设立或消灭的行为。而“自事实行为成就时发生效力”，则是指房屋建成之时、拆毁房屋之时等，这些物的所有权即设立或者消灭。

第三章　物权的保护

23. 物权受到侵害的，权利人如何获得救济？

根据《民法典》第233条的规定，权利人在物权受到侵害时，可以通过和解、调解、仲裁、诉讼等途径解决。

“和解”，是指权利人在自愿互谅的基础上，与侵权人进行协商并达成协议，自行解决争议，即所谓的“私了”。“调解”，是指通过第三人调停解决纠纷，权利人和侵权人可以选择申请人民调解、法院调解、仲裁调解等方式解决争议。“仲裁”，是指权利人和侵权人协议选择仲裁机构，由仲裁庭裁决解决争端。“诉讼”，是指权利人提起民事诉讼，要求法院判决侵权人承担侵权责任。

24. 如何解决因物的归属、内容发生的争议？

《民法典》第234条规定，因物权的归属、内容发生争议的，利害关系人可以请求确认权利。

所谓确认物权的归属，就是确认物权的权利主体，即确认对特定的物权享有直接支配和排他权利的权利人，如所有权人、用益物权人、担保物权人等。一方面，它是对所有权的确认。这是保护所有权的前提，因为返还所有物、排除妨害等请求权以所有权的确认为前提。如果所有权的归属不清，则无法适用所有权的保护。另一方面，它是对他物权的确认。例如，土地使用权因登记错误发生争议，权利人有权请求法院确认土地使用权的归属。他物权的设定虽有登记，但登记记载的内容也可能有误，因此也有必要确认。所谓物权内容的确认，是指当事人对物权的内容发生争议，请求人民法院对物权的内容加以确认。例如，登记机构将他人的房屋面积登记错误，权利人向登记机构提出更正遭到拒绝后，可以请求法院确认其物权。

在物权的归属有争议的情况下，可以在登记机构办理更正登记。除此之外，也可以直接向法院提出确权之诉，请求确认物权的归属和内容。当发生产权争议时，只有人民法院的确权才是最终解决争议的途径。

25. 权利人在什么情况下可以请求返还原物？

《民法典》第235条规定，无权占有不动产或者动产的，权利人可以请求返还原物。

权利人行使返还原物请求权的前提条件是：一是权利人享有合法的所有权；二是所有物的占有被他人侵夺，即权利人失去了对所有物的管领和控制，该失去占有不仅包括失去直接占有，也包括失去间接占有，如权利人委托他人占有并管理其所有物，第三人从受托人处抢走并强行占有所有物，此时权利人也可行使返还原物请求权；三是现占有人属于无权占有，即占有人没有合法权源（既无法律规定的依据，也无约定的依据）的占有。返还原物请求权是物权请求权的保护方法，是物权效力的体现，行使该请求权的目的是使物权恢复至圆满状态，恢复权利人对所有物的支配权。

26. 权利人在什么情况下可以请求排除妨害或者消除危险？

《民法典》第236条规定，妨害物权或者可能妨害物权的，权利人可以请求排除妨害或者消除危险。

妨害，是指以非法的、不正当的行为，或者以无权施加的设施对权利人的物或物权造成侵害或妨碍，现实地阻碍了特定物的权利人行使权利。危险，是指相对人对已知物将来必然造成妨害或损害的行为或者设施状态。实践中排除妨害和消除危险经常掺杂在一起，消除危险往往可以作为排除物权妨害的一种手段。二者的主要区别在于，排除妨害要求相对人积极地采取措施排除现实中已经发生了的妨害，而消除危险是要求相对人积极地采取措施或停止某种行为以消除将来必然发生的妨害或损害。可见，妨害是已经现实发生的，而危险是尚未发生的，但它应该是可以合理预见的而不是主观臆测的。遭受的危险或正被妨害特定的物的现实存在，是权利人对现时妨害人行使请求权的前提。

27. 权利人在什么情况下可以请求修理、重作、更换或者恢复原状?

《民法典》第 237 条规定，造成不动产或者动产毁损的，权利人可以依法请求修理、重作、更换或者恢复原状。

“修理”，是指物毁损时，对其进行修复和理顺。“重作”，是指当物灭失、损毁到不能使用等情形时重新制作相同性质、用途的物，使其达到与原物相同的价值。“更换”，是指物毁损并且有与此物相同的种类物存在时，予以更换。“恢复原状”，是指恢复物的原有状态。

权利人请求恢复原状应当具备的条件是:（1）必须有损坏物的事实存在。（2）物的损坏是由于他人的违法行为造成的，即他人有故意损坏物的行为或者因使用不当造成物毁坏。（3）损害的财产有修复的可能。如果已经没有修复的可能，物权人只能请求侵权人赔偿损失。（4）必须由物的所有人或者物的合法占有人或物的使用人向侵害人提出。

28. 权利人在什么情况下可以请求损害赔偿?

《民法典》第 238 条规定，侵害物权，造成权利人损害的，权利人可以依法请求损害赔偿，也可以依法请求承担其他民事责任。

损害赔偿请求权，一般是指在物权人行使其他物权请求权后，仍有因妨害行为或者危险状态等受到损害的情形，物权人请求行为人承担其他民事责任的权利。侵权行为人侵犯他人财产权的，如果既不能返还原物，又不能恢复原状的，就应考虑进行赔偿损失。赔偿损失应赔偿受害人遭受的全部损失，既包括直接损失（现有财产的减少），也应包括间接损失（可得利益的丧失）。如果侵害物权的行为对人身造成伤害，还应当赔偿医疗费、因误工减少的收入、残疾者生活补助费等费用；造成死亡的，应当支付丧葬费、死者生前所扶养之人的必要生活费等费用。除此之外，如果侵害物权的同时造成权利人生命权、健康权、隐私权以及其他人格利益的损害，或者具有人格象征意义的特定纪念物品因侵权行为而永久性灭失或者毁损，权利人还可以主张精神损害赔偿。

第二分编　所有权

第四章　一般规定

29. 如何理解所有权的权能？

根据《民法典》第 240 条的规定，所有权人对自己的不动产或者动产，依法享有占有、使用、收益和处分的权利。

"占有"，是对于物的实际管理或控制，是拥有一个物的一般前提，是财产所有者行使所有权的直接表现。这里需要注意，作为所有权权能的"占有"与表述物的状态的"占有"是两个不同的概念。前者是所有权人行使所有权的一种方式，后者则是一种占有的事实状态。"使用"，是指所有权人依照物的性质和用途，并不毁损所有物或变更其性质而加以利用，以发挥物的使用价值，从而满足生产和生活的需要，如使用机器生产产品，在土地上种植农作物等。"收益"，是指收取所有物产生的物质利益，这种利益通常既可以是孳息，包括天然孳息、人工孳息与法定孳息，也可以是从所有物中取得的其他收益，如运用原物进行生产经营活动取得的利润等。"处分"，是指对所有物依法进行处置的行为。

处分分为事实上的处分和法律上的处分两种。前者是指在生产或生活中使物的物质形态发生变更或消灭；后者是指改变标的物在法律上的命运，即改变物的权利归属状态。

完整的所有权包含上述四项权能。但在实际生活中，占有、使用、收益、处分四项权能都能并且经常地与所有权发生分离，而所有人仍不丧失所有权。所有人正是通过这四项权能的分离和恢复，发挥财产的效益，以满足自己生产和生活的需要。例如，出租人将财产出租给他人，由他人占有、使用，而自己收取租金。

30. 法律对国家征收有何要求?

根据《民法典》第 243 条的规定，为了公共利益的需要，依照法律规定的权限和程序可以征收集体所有的土地和组织、个人的房屋以及其他不动产。征收集体所有的土地，应当依法及时足额支付土地补偿费、安置补助费以及农村村民住宅、其他地上附着物和青苗等的补偿费用，并安排被征地农民的社会保障费用，保障被征地农民的生活，维护被征地农民的合法权益。征收组织、个人的房屋以及其他不动产，应当依法给予征收补偿，维护被征收人的合法权益；征收个人住宅的，还应当保障被征收人的居住条件。任何组织或者个人不得贪污、挪用、私分、截留、拖欠征收补偿费等费用。

国家征收土地的，依照法定程序批准后，由县级以上地方人民政府予以公告并组织实施。县级以上地方人民政府拟申请征收土地的，应当开展拟征收土地现状调查和社会稳定风险评估，并将征收范围、土地现状、征收目的、补偿标准、安置方式和社会保障等在拟征收土地所在的乡（镇）和村、村民小组范围内公告至少三十日，听取被征地的农村集体经济组织及其成员、村民委员会和其他利害关系人的意见。多数被征地的农村集体经济组织成员认为征地补偿安置方案不符合法律、法规规定的，县级以上地方人民政府应当组织召开听证会，并根据法律、法规的规定和听证会情况修改方案。拟征收土地的所有权人、使用权人应当在公告规定期限内，持不动产权属证明材料办理补偿登记。县级以上地方人民政府应当组织有关部门测算并落实有关费用，保证足额到位，与拟征收土地的所有权人、使用权人就补偿、安置等签订协议；个别确实难以达成协议的，应当在申请征收土地时如实说明。相关前期工作完成后，县级以上地方人民政府方可申请征收土地。

31. 农用地转为建设用地有哪些限制？

《民法典》第 244 条规定，国家对耕地实行特殊保护，严格限制农用地转为建设用地，控制建设用地总量。不得违反法律规定的权限和程序征收集体所有的土地。

根据我国土地管理法的相关规定，农用地是指直接用于农业生产的土地，包括耕地、林地、草地、农田水利用地、养殖水面等；建设用地是指建造建筑物、构筑物的土地，包括城乡住宅和公共设施用地、工矿用地、交通水利设施用地、旅游用地、军事设施用地等。

建设占用土地，涉及农用地转为建设用地的，应当办理农用地转用审批手续。永久基本农田转为建设用地的，由国务院批准。在土地利用总体规划确定的城市和村庄、集镇建设用地规模范围内，为实施该规划而将永久基本农田以外的农用地转为建设用地的，按土地利用年度计划分批次按照国务院规定由原批准土地利用总体规划的机关或者其授权的机关批准。在已批准的农用地转用范围内，具体建设项目用地可以由市、县人民政府批准。在土地利用总体规划确定的城市和村庄、集镇建设用地规模范围外，将永久基本农田以外的农用地转为建设用地的，由国务院或者国务院授权的省、自治区、直辖市人民政府批准。

对违反土地利用总体规划擅自将农用地改为建设用地的，限期拆除在非法转让的土地上新建的建筑物和其他设施，恢复土地原状，对不符合土地利用总体规划的，没收在非法转让的土地上新建的建筑物和其他设施；可以并处罚款；对直接负责的主管人员和其他直接责任人员，依法给予处分；构成犯罪的，依法追究刑事责任。

32. 什么是征用？与征收有什么区别？

征用是指国家因某种需要，在一定时段内使用个人或集体财产并给予相应补偿的行政行为。根据《民法典》第245条的规定，因抢险救灾、疫情防控等紧急需要，依照法律规定的权限和程序可以征用组织、个人的不动产或者动产。被征用的不动产或者动产使用后，应当返还被征用人。组织、个人的不动产或者动产被征用或者征用后毁损、灭失的，应当给予补偿。

征收与征用都是国家以行政权力命令征收或征用财产，被征用或征收的单位、个人必须服从。两者的区别在于：（1）是否出于紧急需要。征用一般是在紧急状态下迫不得已才进行的，而征收则不以紧急状态的存在为适用的前提，即使不存在紧急状态，出于公共利益的需要也可以征收。（2）适用对象不同。征用既适用于不动产，也适用于动产。征收针对的对象是集体所有的土地、组织和个人的房屋及其他不动产。（3）是否转移所有权不同。征用的目的在于获得使用权，因此不转移所有权，如果标的物没有毁损灭失，就应当返还原物。征收要强制转移所有权，而且导致所有权永久性的转移。（4）在补偿方面不同。征用财产使用完毕后，应当返还被征用人，如果有毁损灭失的，应当给予补偿，但如何补偿，并没有具体的规定。而民法典物权编以及《土地管理办法》等都对征收规定了具体的补偿办法，这就是说任何征收都要依法给予补偿。

第五章　国家所有权和集体所有权、私人所有权

33. 哪些财产属于国家所有?

依据《民法典》第 247 条至第 254 条的规定，以下财产属于国家所有：矿藏，水流，海域，无居民海岛，城市的土地，森林、山岭、草原、荒地、滩涂等自然资源（法律规定属于集体所有的除外），无线电频谱资源，国防资产，法律规定属于国家所有的农村和城市郊区的土地、野生动植物资源、文物、铁路、公路、电力设施、电信设施和油气管道等基础设施。

法律规定专属于国家所有的不动产和动产，任何组织或者个人不能取得所有权，而我国的社会主义性质决定了国家所有即全民所有。国家所有的财产由于不能为他人所拥有，因此不能通过交换或者赠与等任何流通手段转移其所有权，但是有些单位和个人可以依照相关法律的规定使用或经营某些国有财产。

34. 国家机关对其直接支配的不动产和动产享有哪些权利?

根据《民法典》第 255 条的规定，国家机关对其直接支配的

不动产和动产，享有占有、使用以及依照法律和国务院的有关规定处分的权利。

国家机关处分其所占有的国有财产时，要依照法律和国务院有关法规所赋予的权限和程序进行，不得擅自处置，并且国家机关对其所占用的国有财产没有收益权。但由于国有财产的行使及其监管具有特殊性，因而单纯依靠民法典物权编的规定是不够的，还需要制定专门的国有财产管理法，区分经营性财产和非经营性财产，建立不同的管理制度。

35. 国家举办的事业单位对其直接支配的不动产和动产享有哪些权利？

根据《民法典》第 256 条的规定，国家举办的事业单位对其直接支配的不动产和动产，享有占有、使用以及依照法律和国务院的有关规定收益、处分的权利。

国家举办的事业单位对占有的国有财产行使收益、处分权时，也要依照法律和国务院有关法规所赋予的权限和程序进行，不得擅自处置。值得注意的是，事业单位因其类型、财产的特殊性，对其收益和处分的权利也应分别处理：一是国家举办的事业单位对其占用的财产毫无处分权利，比如故宫博物院占用的某些财产；二是经过审批，国家举办的事业单位对其占用的财产具有部分处分权利；三是国家举办的事业单位对其占用的财产具有完全的处分权利。民法典物权编在此只是原则性规定，还有待以后制定国有财产管理法对国家举办的事业单位如何处分其占用的财产作出明确规定。

36. 国家出资的企业享有哪些权利？

根据《民法典》第 257 条的规定，国家出资的企业，由国务院、地方人民政府依照法律、行政法规规定分别代表国家履行出资人职责，享有出资人权益。

国家出资的企业，不仅包括国家出资兴办的企业，如国有独资公司，也包括国家控股、参股有限责任公司和股份有限公司等。当然国家出资的企业不仅是公司形式，也包括未进行公司制改造的其他企业。根据《企业国有资产法》以及《企业国有资产监督管理暂行条例》的规定，国务院和地方人民政府的具体分工是：国务院代表国家对关系国民经济命脉和国家安全的大型国有及国有控股、国有参股企业，重要基础设施和重要自然资源等领域的国有及国有控股、国有参股企业，履行出资人职责。省、自治区、直辖市人民政府和设区的市、自治州级人民政府分别代表国家对由国务院履行出资人职责以外的国有及国有控股、国有参股企业，履行出资人职责。

37. 法律对国家所有的财产保护是如何规定的？

《民法典》第 258 条规定，国家所有的财产受法律保护，禁止任何组织或者个人侵占、哄抢、私分、截留、破坏。

这里的“国家所有的财产”，是指依法属于全民所有的财产，不仅包括国家拥有所有权的财产，如矿藏、水流、海域、国有土地等，而且包括国家依法投入企业的动产和不动产。此外，国家的财政收入、外汇储备和其他国有资金也属于国家所有的财产。

“侵占”，是指以非法占有为目的，将其经营、管理的国有财产非法占为己有。侵占的主体一般是经营、管理国有财产的组织或者个人。构成侵占，还有一个要件是侵占主体要有主观故意，即以非法占有国有财产为目的。“哄抢”，是指以非法占有为目的，组织、参与多人一起强行抢夺国有财产的行为。哄抢的主体可以是任何组织和个人，并且需要具备非法占有国有财产的主观故意。“私分”，是指违反国家关于国有财产分配管理规定，以单位名义将国有财产按人头分配给单位内全部或者部分职工的行为。私分的主体只是单位，一般指负有经营、管理国有财产的国家机关、国有公司、企业、事业单位、人民团体等。“截留”，是指违反国家关于国有资金等国有财产拨付、流转的决定，擅自将经手的有关国有财产据为己有或者挪作他用的行为。截留的主体一般是指经手国有财产的单位或者相关责任人员。“破坏”，是指故意毁坏国有财产，影响其发挥正常功效的行为。破坏的主体可以是任何的单位和个人，而且需有主观上的毁坏国有财产的故意。

38. 哪些财产属于集体所有?

根据《民法典》第260条的规定，集体所有的财产主要有：法律规定属于集体所有的土地和森林、山岭、草原、荒地、滩涂；集体所有的建筑物、生产设施、农田水利设施；集体所有的教育、科学、文化、卫生、体育等设施；集体所有的其他不动产和动产。

我国宪法规定，我国的社会主义经济制度的基础是生产资料的社会主义公有制，即全民所有制和劳动群众集体所有制。集体所有根据所有人身份不同，可以分为农村集体所有和城镇集体所有。集体财产是广大人民群众多年辛勤劳动积累的成果，是发展集体经济和实现共同富裕的重要物质基础。确认集体财产的范围，对保护集体的财产权益和维护广大集体成员的合法财产权益都具有重要意义。

集体财产的所有权主体是集体，集体所有是公有制的一部分，集体的成员不能独自对集体财产行使权利，离开集体时也不能要求分割集体财产。

39. 什么是农民集体所有?

《民法典》第261条第1款规定，农民集体所有的不动产和动产，属于本集体成员集体所有。

农民集体所有包括集体财产集体所有、集体事务集体管理、集体利益集体分享三层含义，并且只有本集体的成员才能享有这些权利。农村集体成员有两个特征：一是平等性。不分加入集体时间长短，不分出生先后，不分贡献大小，不分有无财产投入等，其成员资格都一律平等。二是地域性和身份性。农村集体组织成员一般来说就是当地的村民，他们所生的子女，出生后自动取得该集体的成员资格。此外，也有的成员是通过婚姻、收养关系或者移民迁入本集体而取得成员资格。农民只能在一个集体内享有成员权利，不能同时享有两个或者多个集体成员权利。

40. 如何行使农村集体所有权？

《民法典》第 262 条规定，对于集体所有的土地和森林、山岭、草原、荒地、滩涂等，依照下列规定行使所有权：(1) 属于村农民集体所有的，由村集体经济组织或者村民委员会依法代表集体行使所有权；(2) 分别属于村内两个以上农民集体所有的，由村内各该集体经济组织或者村民小组依法代表集体行使所有权；(3) 属于乡镇农民集体所有的，由乡镇集体经济组织代表集体行使所有权。

其中，“属于村农民集体所有”，是指土地和森林、山岭、草原、荒地、滩涂等属于村农民集体所有，并未分属于村内不同的农民集体或者乡镇农民集体所有。这种情形应当由村民集体经济组织或者村民委员会作为所有权人的代表人行使所有权，如发包土地。这里的村是指设立村民委员会的村，而不是指自然村。“分别属于村内两个以上农民集体所有”，是指土地和森林、山岭、草原、荒地、滩涂等已经分别属于村内不同的农民集体所有，而不是由村农民集体或者乡镇农民集体所有的情形。这种情形应当由作为所有权人的相应的村内集体经济组织或者村民小组代表集体行使所有权。村民小组是指行政村内由村民组成的组织，它是村民自治共同体的一种组织形式。“属于乡镇农民集体所有”，是指土地和森林、山岭、草原、荒地、滩涂等属于乡镇农民集体所有，而不是由村农民集体或者村内农民集体所有的情形。此种情形应当由作为所有权人的乡镇集体经济组织代表集体行使所有权。这种情况包括：改革开放以前，原来以人民公社为核算单位的土地，在公社改为乡镇以后仍然属于乡镇农民集体所有；在人民公社时期，公社一级掌握的集体所有的土地和其他财产仍然属于乡镇农民集体所有。

41. 如何行使城镇集体所有权?

根据《民法典》第 263 条的规定，城镇集体所有的不动产和动产，依照法律、行政法规的规定由本集体享有占有、使用、收益和处分的权利。

行使城镇集体所有权的主体只能是该集体，而不能是个别或部分集体成员。集体财产权的客体也只能是属于该城镇集体所有的不动产和动产。若城镇集体企业已经改制，那么它的财产就不再属于集体所有。城镇集体财产权的内容，包括对本集体所有财产所享有的占有、使用、收益和处分的权利。

42. 农民集体成员享有哪些权利?

根据《民法典》第 261 条第 2 款、第 264 条和第 265 条第 2 款的规定，农民集体成员主要享有以下三种权利：

第一，集体重大事项决定权。与农民切身利益相关的集体事项应当依照法定程序由本集体成员决定，主要有：土地承包方案以及将土地发包给本集体以外的组织或者个人承包；个别土地承包经营权人之间承包地的调整；土地补偿费等费用的使用、分配办法；集体出资的企业的所有权变动等事项；法律规定的其他事项。

第二，查阅、复制集体财产状况的资料的权利。农村集体经济组织或者村民委员会、村民小组应当依照法律、行政法规以及章程、村规民约向本集体成员公布集体财产的状况。如果集体成员对公布的财产状况有疑问，有权要求查阅相关资料，这在一定程度上也是行使监督权的表现，能够防止集体财产受到侵占、哄抢、私分、破坏，真正保护农民集体成员的权益。

第三，决定撤销权。农村集体经济组织、村民委员会或者其负责人作出的决定侵害集体成员合法权益的，受侵害的集体成员可以请求人民法院予以撤销。对集体财产作出决定，事关全体成员的利益，因此，如果该决定侵害了集体成员的合法权益，即应允许该集体成员就该决定主张效力瑕疵。这是从司法层面为农民集体成员受到的侵害提供救济。

43. 私人所有权的范围是什么?

《民法典》第266条规定，私人对其合法的收入、房屋、生活用品、生产工具、原材料等不动产和动产享有所有权。

其中，收入，是指人们从事各种劳动获得的货币收入或者有价物。主要包括:（1）工资，是指定期支付给员工的劳动报酬，包括计时工资、计件工资、职务工资、级别工资、基础工资、工龄工资、奖金、津贴和补贴、加班点工资和特殊情况下支付的报酬等;（2）从事智力创造和提供劳务所取得的物质权利，如稿费、专利转让费、讲课费、咨询费、演出费等;（3）因拥有债权、股权而取得的利息、股息、红利所得;（4）出租建筑物、土地使用权、机器设备、车船以及其他财产所得;（5）转让有价证券、股权、建筑物、土地使用权、机器设备、车船以及其他财产所得;（6）得奖、中奖、中彩以及其他偶然所得;（7）从事个体经营的劳动收入、从事承包土地所获得的收益等。房屋包括依法购买的城镇住宅，也包括在农村宅基地上依法建造的住宅，还包括商铺、厂房等建筑物。生活用品是指用于生活方面的物品，包括家用电器、私人汽车、家具和其他用品。生产工具，是指人们在进行生产活动时所使用的器具，如机器设备、车辆、船舶等运输工具。原材料，是指生产产品所需的物质基础材料，如矿石、木材、钢铁等。其他的不动产和动产，如图书、个人收藏品、牲畜和家禽等。

44. 法律对企业出资人的权利和义务是如何规定的?

根据《民法典》第268条的规定，国家、集体和私人依法可以出资设立有限责任公司、股份有限公司或者其他企业。国家、集体和私人所有的不动产或者动产投到企业的，由出资人按照约定或者出资比例享有资产收益、重大决策以及选择经营管理者等权利并履行义务。

出资人权利一般应该由公司法等其他法律来规定，但是考虑到国家、集体和私人的投资行为是一种处分其所有的财产的行为，所以有必要在民法典物权编中规定出资人的相应权利，以体现对其所有的不动产所有权和动产所有权的保护。此时出资人不再直接对其投资的财产享有所有权，而是转化为出资人的股权等其他权利，通过行使股权等权利来实现其财产利益。出资人凭借其投入企业的资本额享有所有者的权利，包括资产收益权、重大决策权和企业经营者选择权等，但并不直接干预企业的经营活动。同时，出资人按其投入企业的资本额对企业的债务承担责任。

第六章　业主的建筑物区分所有权

45. 什么是业主的建筑物区分所有权？

经依法登记取得或者根据本编第二章第三节规定取得建筑物专有部分所有权的人，应当认定为业主；基于与建设单位之间的商品房买卖民事法律行为，已经合法占有建筑物专有部分，但尚未依法办理所有权登记的人，可以认定为业主。

业主的建筑物区分所有权，简称建筑物区分所有权。它与多层建筑物出现后数人区分享有同一建筑物的现象相联系。根据《民法典》第271条的规定，建筑物区分所有权由建筑物各业主享有的对专有部分的所有权（即对于建筑物内专有部分的住宅、经营性房屋的占有、使用、收益、处分的权利），对共有部分的共有权（包括区分所有建筑物共有部分的共有权以及建筑区划内配套建设的公共场所、场地、设施的共有权；共有道路、车位的共有权；建筑物区划内配套建设的车位、车库的法定用役权）和对建筑物进行共同管理的成员权（即维护共有部位和共有物物理性能以及保证配套设施运行的权利）三部分组成。

46. 如何理解业主的专有所有权?

专有所有权，又称“专有权”或“特别所有权”，是业主对专有部分享有的自由使用、收益和处分的权利。根据《民法典》第272条的规定，业主对建筑物内的住宅、经营性用房等专有部分享有所有权，可以进行占有、使用、收益和处分。

建筑物的专有部分，是指在构造上能够明确区分，具有排他性且可以独立使用的建筑物的构成部分，它由一定平面的长度与一定立体的厚度构成，与其他专有部分以墙壁、天花板、地板相间隔，如一栋公寓楼的一套单元住宅。一般认为构成专有部分，需要具备两个要件：第一，构造上具有独立性，就是某一专有部分须与建筑物的其他部分在建筑物上能够客观地区分其范围；第二，利用上具有独立性，就是专有部分须与一般独立的建筑物相同，具有能满足一般生活目的的独立机能，能够单独使用并具有独立的经济效用。

业主在法律规定的范围内可以自由处分自己的专有部分，如自己为居住、经营目的而占有使用，将其出租他人或者设定抵押，或者将专有部分卖给他人。但是专有所有权由于其物理上的特性，受到法律和管理规约的很多限制，《民法典》第272条还规定，业主行使权利不得危及建筑物的安全，不得损害其他业主的合法权益。主要是指：对专有部分的利用，不得妨碍建筑物的正常使用及损害业主的共同利益，比如装修自己的房屋时不得在和他人共有的墙壁上凿洞；其他业主或管理委员会因维护修缮、设置楼内管线等情形进入专有部分时，业主无正当理由不得拒绝，比如物业公司为修理通水管道，需要进入你的住宅查看，你不得无理拒绝；在管理规约有特殊约定时，业主应按约定使用专有部分，不得擅自变更。比如约定专有部分的用途限于住宅，则业主不得作为营利场所利用。

47. 如何理解业主的共有所有权？

共有所有权，是指业主依照法律或管理规约的规定，对建筑物的共有部分所享有的占用、使用及收益的权利。共有所有权具有从属性，从属于业主的专有所有权。根据《民法典》271 条和第 273 条的规定，业主对专有部分以外的共有部分享有共有和共同管理的权利，承担义务，不得以放弃权利为由不履行义务。

建筑物的共有部分，是指建筑物及其附属物中除专有部分外的由全体或部分业主共同使用的其他部分。其中，全体业主的共有部分主要有电梯、楼梯、走廊、庭院、管道、屋顶、地下室等；部分业主的共有部分主要有各单元内的楼梯、各楼层之间的楼板、两套住宅之间的隔墙等。

业主对共有部分享有的权利主要有：（1）共有部分的使用权。这是业主的基本权利，各业主在兼顾其他业主权益的前提下，有权对共有部分按照其用法予以使用，包括共同使用和轮流使用，比如在屋顶上晾晒衣服，各共有人可以一起晾晒，也可以轮流晾晒。(2)共有部分的收益分享权。对共有部分进行营利性使用所生的利益，比如将共有的庭院、墙壁出租的收益，业主应按其应有份额分享。(3)共有部分单纯的修缮改良权。业主在不影响或损坏共有部分固有性质的前提下可修缮或改良建筑物的共有部分。比如，在共用墙壁上的涂料脱落的情况下，业主进行单方面的粉刷。

48. 建筑区划内业主共有的范围是什么？

根据《民法典》第 274 条的规定，建筑区划内除属于城镇公共道路外的道路、除属于城镇公共绿地或者明示属于个人以外的绿地和其他公共场所、公用设施和物业服务用房，属于业主共有。

对于与业主所购房屋毗邻庭院绿地的权属问题，不能仅依据房地产开发商的售楼人员曾向业主口头承诺，以及该庭院绿地实际为业主占有、使用的事实，即认定业主对该庭院绿地享有独占使用权。庭院绿地作为不动产，其使用权的归属必须根据房屋买卖双方正式签订的商品房买卖协议及物权登记情况加以确定。业主不得违反业主公约及物业管理规定，基于个人利益擅自破坏、改造与其房屋毗邻的庭院绿地。即使业主对于该庭院绿地具有独占使用权，如果该庭院绿地属于小区绿地的组成部分，业主在使用该庭院绿地时亦应遵守业主公约、物业管理规定中关于小区绿地的管理规定，不得擅自破坏该庭院绿地，损害小区其他业主的合法权益。

49. 如何确定建筑区划内车位、车库的归属及其使用原则？

根据《民法典》第275条和第276条的规定，建筑区划内，规划用于停放汽车的车位、车库的归属，由当事人通过出售、附赠或者出租等方式约定，并且应当首先满足业主的需要。占用业主共有的道路或者其他场地用于停放汽车的车位，属于业主共有。

由于出售、附赠或者出租这三种方式都是以车位、车库的所有权归于开发商为前提的，所以从字面上理解，应该认为建筑区划内，规划用于停放汽车的车位、车库的归属，没有约定的，归开发商所有。

“首先满足业主的需要”，则是指建设单位按照配置比例将车位、车库，以出售、附赠或者出租等方式处分给业主。配置比例，是指规划确定的建筑区划内规划用于停放汽车的车位、车库与房屋套数的比例。配置比例在各个地方、各个小区并不完全相同，目前法律也没有对此作出统一规定。但是，规划中都确定了配置比例，如配置比例为1∶1，则意味着每套房屋应当配套建造一个车位或车库。如果每个业主已经按照该配置比例得到了一个车位，就意味着建设单位已经满足了业主的需要，其可以自行处置剩余的车位。如果建设单位没有按照该配置比例来满足业主的需要，则不能将剩余的车位、车库转让给第三人。

属于业主共有的车位，是指建筑区划内在规划用于停放汽车的车位之外，占用业主共有道路或者其他场地增设的车位。根据

《民法典》第 274 条的规定，建筑区划内的道路和其他公共场所属于业主共有，因此，建设单位或物业服务企业占用该道路或其他公共场所而用于停放车辆，并不会改变物权的归属，由此形成的车位也应当属于业主的共有财产，即使用于出租，其收益也应当属于业主。即使按照建筑区划原本不用于停放汽车，只要占用业主共有道路或者其他场地增设的车位，都应当属于业主共有。

50. 业主大会如何产生？有哪些职权？

根据《民法典》第 277 条的规定，业主可以设立业主大会，选举业主委员会。业主大会、业主委员会成立的具体条件和程序，依照法律、法规的规定。地方人民政府有关部门、居民委员会应当对设立业主大会和选举业主委员会给予指导和协助。

根据《业主大会和业主委员会指导规则》的规定，业主大会决定以下事项：（1）制定和修改业主大会议事规则；（2）制定和修改管理规约；（3）选举业主委员会或者更换业主委员会委员；（4）制定物业服务内容、标准以及物业服务收费方案；（5）选聘和解聘物业服务企业；（6）筹集和使用专项维修资金；（7）改建、重建建筑物及其附属设施；（8）改变共有部分的用途；（9）利用共有部分进行经营以及所得收益的分配与使用；（10）法律法规或者管理规约确定应由业主共同决定的事项。

业主大会或者业主委员会的决定，对业主具有法律约束力。业主大会或者业主委员会，对任意弃置垃圾、排放污染物或者噪声、违反规定饲养动物、违章搭建、侵占通道、拒付物业费等损害他人合法权益的行为，有权依照法律、法规以及管理规约，请求行为人停止侵害、排除妨碍、消除危险、恢复原状、赔偿损失。业主拒付物业服务费，不缴存专项维修资金以及实施其他损害业主共同权益行为的，业主大会可以在管理规约和业主大会议事规则中对其共同管理权的行使予以限制。

51. 业主共同决定的重大事项及表决程序是如何规定的?

根据《民法典》第 278 条第 1 款的规定，以下重大事项与业主的切身利益息息相关，应当由业主共同决定：（1）制定和修改业主大会议事规则。业主大会议事规则是业主大会组织、运作的规程，是对业主大会宗旨、组织体制、活动方式、成员的权利义务等内容进行记载的业主自律性文件。（2）制定和修改管理规约。管理规约是业主自我管理、自我约束、自我规范的规则，是业主对建筑物及其附属设施的一些重大事务的共同约定。（3）选举业主委员会或者更换业主委员会成员。（4）选聘和解聘物业服务企业或者其他管理人。（5）使用建筑物及其附属设施的维修资金。维修资金，是指专项用于住宅共用部位、共用设施设备保修期满后的维修和更新、改造的资金。（6）筹集建筑物及其附属设施的维修资金。（7）改建、重建建筑物及其附属设施。（8）改变共有部分的用途或者利用共有部分从事经营活动。（9）有关共有和共同管理权利的其他重大事项，主要是指处分共有部分、业主大会依法决定或者管理规约依法确定应由业主共同决定的事项。

根据《民法典》第 278 条第 2 款的规定，重大事项的表决应当遵循以下程序：一是表决程序首先要有专有部分面积占比三分之二以上的业主且人数占比三分之二以上的业主参与表决。也就是说,“参与表决的业主的专有部分面积占比三分之二以上”与“参与表决的业主人数占比三分之二以上”两个条件必须同时满足。二是决定筹集建筑物及其附属设施的维修资金，改建、重建建筑物及其附属设施，改变共有部分的用途或者利用共有部分从事经营活动这些事项时，应当经参与表决专有部分面积四分之三以上的业主且参与表决人数四分之三以上的业主同意。三是制定和修改业主大会议事规则、制定和修改管理规约、选举业主委员会或者更换业主委员会成员、选聘和解聘物业服务企业或者其他管理人、使用建筑物及其附属设施的维修资金以及有关共有和共同管理权利的其他重大事项，属于建筑区划内的一般性、常规性事务，其决定的作出，应当经参与表决专有部分面积过半数的业主且参与表决人数过半数的业主同意。

52. 业主将住宅改成经营性用房要符合哪些条件？

根据《民法典》第 279 条的规定，业主将住宅改变为经营性用房的，除遵守法律、法规以及管理规约外，还应当经有利害关系的业主一致同意。

建筑物在规划之时即有特定用途，不同用途的建筑物有不同要求，法律对不同用途的建筑物有不同规定。住宅改变为经营性用房，可能影响建筑物主体结构并损害建筑物使用寿命，影响该建筑物的修缮，还有可能影响交通、市容、环卫、绿化、消防和市政设施的功能。住宅改变为经营性用房，还有可能损害其他业主的权利和合法利益。因此，业主不得违反法律、行政法规和管理规约的要求将住宅转为经营性用房。如果业主想将住宅改为经营性用房的，需要遵守法律、行政法规和管理规约的要求，包括经营项目限制、审批程序等。除此之外，还应当经有利害关系的业主，即房屋改变用途将影响其权利和合法利益的业主（一般指本栋建筑物内的其他业主，本栋建筑物之外的业主，主张与自己有利害关系的，应证明其房屋价值、生活质量已经受到或者可能受到的不利影响）的同意。因房屋用途改变而受到影响的，业主之间可以互相协商，或者找业主委员会调解，也可以向法院起诉，要求排除妨害、消除危险、恢复原状或者赔偿损失，以维护自己的合法权益。

53. 建筑物及其附属设施的维修资金如何使用？

根据《民法典》第 281 条规定，建筑物及其附属设施的维修资金，属于业主共有。经业主共同决定，可以用于电梯、屋顶、外墙、无障碍设施等共有部分的维修、更新和改造。建筑物及其附属设施的维修资金的筹集、使用情况应当定期公布。紧急情况下需要维修建筑物及其附属设施的，业主大会或者业主委员会可以依法申请使用建筑物及其附属设施的维修资金。

“维修资金”，也称“专项维修基金”，是指根据法律规定建立的专门用于住宅共用部分、共用设施设备保修期满后的大修、更新和改造的资金。所谓共用部分，是指住宅主体承重结构部分（包括基础、内外承重墙体、柱、梁、楼板、屋顶等）、户外墙面、门厅、楼梯间、走廊通道等。共用设施设备是指住宅小区或单幢住宅内，建设费用已分摊进入住房销售价格的共用的上下水管道、落水管、水箱、加压水泵、电梯、天线、供电线路、照明、锅炉、暖气线路、煤气线路、消防设施、绿地、道路、路灯、沟渠、池、井、非经营性车场车库、公益性文体设施、无障碍设施和共用设施设备使用的房屋等。所谓大修，是对共有部分、共用设备设施的大规模的维修。所谓更新和改造，是对共有部分、共用设备设施中坏旧部分的更换，以使其保持正常的使用或者不断提高其使用效能或使其具有新的效能。

维修资金的所有权属于业主，但并不意味着业主个人可以随意支配维修资金。维修资金制度是基于全体业主的公共利益而确立的，有关维修资金的收取、使用、管理等必须符合国家有关规定。维修资金的筹集、使用情况应当公布，这主要是为了便利业主对维修资金的筹集和使用情况进行监督管理。同时，在紧急情况下，比如外墙脱落有伤到居民的现实风险时，业主大会或者业主委员会可以依法申请使用维修资金。

54. 物业服务企业利用共有部分产生的收入应当归谁所有？

根据《民法典》第282条规定，建设单位、物业服务企业或者其他管理人等利用业主的共有部分产生的收入，在扣除合理成本之后，属于业主共有。

根据《物业管理条例》第 54 条的规定，利用物业共用部位、共用设施设备进行经营的，应当在征得相关业主、业主大会、物业管理企业的同意后，按照规定办理有关手续。业主所得收益应当主要用于补充专项维修资金，也可以按照业主大会的决定使用。小区的楼顶、电梯和建筑外墙等属于共有部分，业主是所有权人，而在楼顶上搭建广告牌、在楼房外墙上涂刷广告、在小区电梯里张贴广告都是对共有部分的使用，由此产生的收入由业主共有。如果物业未得到业主的事先许可和事后追认而擅自张贴广告就构成了对业主所有权的侵害。

55. 建筑物及其附属设施的费用如何分摊？收益如何分配？

《民法典》第 283 条规定，建筑物及其附属设施的费用分摊、收益分配等事项，有约定的，按照约定；没有约定或者约定不明确的，按照业主专有部分面积所占比例确定。

建筑物及其附属设施的费用，是指对建筑物及其附属设施的维护、修缮和管理等所产生的费用，如公共走廊的打扫、电梯的修理、绿地的维护以及建筑物外墙的重新粉刷等，它属于所有权上的负担。建筑物及其附属设施的收益，是指通过对这些部分的使用所获得的利益，如租金等。民法典对于建筑物及附属设施的费用分摊、收益分配，充分尊重当事人的意思自治，采取约定优先的原则，即首先依照业主约定的方案确定，仅在没有约定或约定不明确时，才按照业主专有部分面积所占比例确定。适用后一标准应注意的是，区分所有建筑物的共用部分，有供全体区分所有权人使用者，为“全体共用部分”；有仅供部分区分所有权人使用者，如建筑物专有部分的共同墙壁、楼板与地板等，为“一部共用部分”。对全部共用部分的费用分摊和收益分配，由全体区分所有权人按其共有的应有部分比例分担或分享；对一部共用部分的费用分摊和收益分配，则由相关区分所有权人按其专有部分所占比例分担或分享。

56. 对建筑物及其附属设施如何进行管理?

《民法典》第 284 条第 1 款规定，业主可以自行管理建筑物及其附属设施，也可以委托物业服务企业或者其他管理人管理。

由此可知，建筑物及其附属设施的管理有两种方式：自主管理和委托管理。前者是业主自行执行管理业务，可以由全体业主直接管理，也可以组成管理团体进行管理；后者是业主将建筑物及其附属设施的管理事务委托给物业服务企业或者其他管理人。物业服务企业依据物业服务合同的约定，提供专业化物业服务技术，并接受业主的监督。对建设单位聘请的物业服务企业或者其他管理人，业主有权依法更换。《民法典》第 285 条还规定，物业服务企业或者其他管理人应当及时答复业主对物业服务情况提出的询问，执行政府依法实施的应急处置措施和其他管理措施，积极配合开展相关工作。

57. 业主应当承担哪些义务?

《民法典》第 286 条第 1 款规定，业主应当遵守法律、法规以及管理规约，相关行为应当符合节约资源、保护生态环境的要求。对于物业服务企业或者其他管理人执行政府依法实施的应急处置措施和其他管理措施，业主应当依法予以配合。

管理规约，是指全体区分所有权人就建筑物及其附属设施的管理、使用等，以书面形式设定的自治规则。按照由私法自治原则衍生出来的规约自治原则，区分所有人订立的管理规约，只要不违反强行性规定、公序良俗原则以及变更或排除区分所有权的本质，均可产生法律上的效力。

疫情期间，物业在社区疫情防控中承担了大量工作，起到了十分重要的作用，民法典物权编规定物业服务企业在疫情等特殊情况下开展应急处置的责任，并明确业主的配合义务，有助于物业开展相关工作，维护小区居民的人身财产安全和社会公共利益。

第七章　相邻关系

58. 什么是相邻关系？如何处理？

相邻关系，指相邻近的不动产所有人或使用人之间，一方所有人或使用人的支配力与他方所有人或使用人的排他力相互冲突时，为调和其冲突以谋求共同利益，而由法律直接规定的权利义务关系。根据《民法典》第 288 条的规定，不动产的相邻权利人应当按照有利生产、方便生活、团结互助、公平合理的原则，正确处理相邻关系。

相邻权制度的设立，是为了协调相邻不动产物权，既保护各方的利益，又保护他们相互间的利益，并力图在各方利益中间谋求一种最佳平衡点。《民法典》第 289 条规定，法律、法规对处理相邻关系有规定的，依照其规定；法律、法规没有规定的，可以按照当地习惯。这里的“习惯”必须是当地多年实施且为多数人所遵从和认可的习惯，这种习惯已经具有“习惯法”的作用，在当地具有类似于法律一样的约束力。同时，这种习惯还应以不违背社会公共利益和善良风俗为限。

59. 相邻权利人享有哪些权利？互负哪些义务？

根据《民法典》第 290 条至第 292 条的规定，相邻权利人主要享有以下权利：(1) 用水、排水权。相邻权人需要用水、排水的，可以要求相邻的不动产权利人提供必要的便利。对自然流水的利用，应当在不动产的相邻权利人之间合理分配，如造成对方损失，应予赔偿；如分享水利，应分担费用。对自然流水的排放，应当尊重自然流向。(2) 通行权。相邻权利人因通行等必须利用相邻的土地的，包括穿越邻地至公共通道的通行权，通过邻地设置管道和线路，以及因建筑施工而使用邻地等，可以要求相邻的不动产权利人提供必要的便利。如因此造成相邻方的损失，也要进行赔偿。(3) 利用相邻土地、建筑物的权利。相邻权利人确有理由必须利用相邻土地、建筑物的，如建造、修缮建筑物以及铺设电线、电缆、水管、暖气和燃气管线，可以要求该土地、建筑物的权利人提供必要的便利。

根据《民法典》第 293 条至第 295 条的规定，相邻权利人应当承担以下几项义务：(1) 不得妨碍相邻建筑的通风、采光和日照。妨碍通风的表现主要有：相邻一方建造房屋或者其他设施时未与相邻他方的窗户保持适当距离、相距太近而使相邻他方室内空气通风不畅；或阻挡了相邻他方之窗户而使其无法通风的；相邻一方的树枝等延伸到相邻他方窗前，阻碍相邻他方室内空气流通的。(2) 不得违反国家规定弃置固体废物，排放大气污染物、水污染物、噪声、光、电磁波辐射等有害物质。（3）不得危及相邻不动产的安全，如损毁房屋承重结构等。相邻双方应避免由于自己的原因对相邻方造成危险及危害，但同时也有权要求排除来自对方的危险和危害。一旦造成损失，责任者应依法承担责任。

第八章　共有

60. 什么是共有？其特征是什么？

共有，是指两个以上的权利主体对同一物享有所有权。《民法典》第 297 条规定，不动产或者动产可以由两个以上组织、个人共有。

对同一物享有所有权的组织和个人为财产共有人，该物被称为共有物或共有财产。各共有人因共有形成的权利义务关系为共有关系。各共有人必须按照法律的规定或协议的约定享受权利和承担义务，在占有、使用和处分共有财产时应共同协商，不得任意行使权利损害其他共有人的利益。

共有具有下列特征：第一，共有的主体是两个以上的民事主体。多个主体对共有物只享有一个完整的所有权，相应地，共有人对外共同作为一个主体发生各种民事关系。第二，共有的客体是特定的独立物。共有物的特点是，每个共有人的权利及于整个共有物。第三，共有人对共有物按照份额或者平等地享有权利、承担义务，并且不受其他共有人的干涉。第四，共有不是一种独立的所有权类型，而是所有权之间的联合。共有既可以是同种类所有权的联合也可以是不同种类所有权的联合。

61. 按份共有和共同共有的区别是什么？

按份共有，又称分别共有，指两个或两个以上的共有人，对同一物按照确定的各自份额分享权利、承担义务的一种共有形式；共同共有，是指两个或两个以上的人基于共同关系，共同享有一物的所有权，各个共有人对于共有物，平等地享有占有、使用、收益、处分权，并平等地承担义务。

按份共有与共同共有主要有以下区别：第一，对共有物享有的所有权不同。根据《民法典》第 298 条的规定，按份共有人对共有的不动产或者动产按照其份额享有所有权。实践中，共有人的份额原则上是依据各共有人的出资比例和贡献大小确定的。根据《民法典》第 309 条的规定，按份共有关系产生后，如果各共有人的应有份额不明确，按照出资额确定；不能确定出资额的，视为等额享有。而根据《民法典》第 299 条的规定，共同共有人对共有的不动产或者动产共同享有所有权，各共有人的权利均及于共有物的全部。第二，对共有物品的处分权不同。根据《民法典》第 301 条的规定，按份共有人处分共有的不动产或者动产以及对共有的不动产或者动产作重大修缮、变更性质或者用途的，应当经占份额三分之二以上的按份共有人同意，而共同共有则需要经全体共同共有人的同意。第三，管理费用的承担不同。根据《民法典》第 302 条的规定，在没有约定的情况下，对于共有物管理费用，按份共有人按照其份额负担，共同共有人共同负担。

62. 共有物如何分割？

根据《民法典》第 303 条和第 304 条的规定，分割共有物的基本规则有三：（1）约定优先。无论是按份共有还是共同共有，共有人对共有物的分割有约定的从约定。共有人约定不得分割共有的不动产或者动产，以维持共有关系的，应当依照约定，但是共有人有重大理由需要分割的，可以请求分割。例如，在婚姻关系存续期间，夫妻二人约定由原来的夫妻共同财产制，改变为夫妻分别财产制，在这种情况下，夫或者妻一方可以请求分割共有的财产。（2）没有约定的，依法分割。共有人对共有物是否可以分割，在什么情况下可以分割没有约定或者约定不明确的，根据不同的情况进行处理：按份共有人可以随时请求分割，并且不需要征得其他共有人的同意；共同共有人在共有的基础丧失或者有重大理由需要分割时可以请求分割，如夫妻财产的共同共有，因婚姻关系的解除而失去了共有的基础，夫或妻一方可以请求分割共有的财产。（3）损害赔偿原则。因分割造成其他共有人损害的，如使共有物的功能丧失或者削弱，降低了其价值，给其他共有人造成了损失，应当给予赔偿。

根据《民法典》第 304 条的规定，共有人可以协商确定分割方式。主要有以下三种方式：（1）实物分割，是指以原物分配于共有人。实物分割适用于共有物为可分物的情形。可分物，是指可以分割并且不会因分割减损价值的物。（2）变价分割，是指将共有物变价而将价款分配于各共有人。变价分割适用于共有物为不可分物的情形。不可分物，是指不可以分割或者分割即减损其价值的物。变价方式包括拍卖、变卖等。（3）作价补偿，是指由特定共有人取得不可分的共有物，该共有人向其他共有人支付相应的价款。这种分割方式既能满足某一共有人取得共有物的意愿，又能实现变价分割的灵活性。

基于公平原则，民法典还规定，共有人分割所得的不动产或者动产有瑕疵的，其他共有人应当分担损失。

63. 如何理解按份共有人的优先购买权？

按份共有人的优先购买权，是指在某一按份共有人转让份额的时候，其他按份共有人享有优先购买该份额的权利。《民法典》第 305 条规定，按份共有人可以转让其享有的共有的不动产或者动产份额。其他共有人在同等条件下享有优先购买的权利。这里的“同等条件”，主要指的是价格条件，优先购买权人支付的价格应当与其他买受人支付的价格相同。同等条件并不要求先买人和出卖人订立的合同与出卖人和他人订立的合同的条款完全相同。价格条款是第一位的，至于其他交易条件，不管是现金支付还是转账支付，只要没有从根本上影响到出卖人的利益，出卖人就不能以此作为同等条件。如果有两个以上的购买者，同等条件原则上是通过竞价的方式来确定。如果是以拍卖的方式，最高价格就是同等条件。

此外，《民法典》第 306 条还规定了其他共有人如何行使优先购买权：按份共有人转让其享有的共有的不动产或者动产份额的，应当将转让条件及时通知其他共有人。其他共有人应当在合理期限内行使优先购买权。两个以上其他共有人主张行使优先购买权的，协商确定各自的购买比例；协商不成的，按照转让时各自的共有份额比例行使优先购买权。

64. 如何处理共有物上的债权债务关系？

根据《民法典》第 307 条的规定，对因共有的不动产或者动产产生债权债务的处理要区分对外关系和共有人的内部关系。

“对外关系”，是指共有人与全体共有人之外的第三人之间的法律关系。在对外关系上，共有人享有连带债权、承担连带债务，但是法律另有规定或者第三人知道共有人不具有连带债权债务关系的除外。首先，对因共有财产产生的债权债务关系的对外效力不区分按份共有和共同共有，只要是因共有的不动产或者动产产生的债权债务，共有人均享有连带债权、承担连带债务。其次，连带的方法是共有人享有连带债权时，任一共有人都可向第三人主张债权，共有人承担连带债务时，第三人可向任一共有人主张债权。

“内部关系”，是指共有人之间的关系。在共有人的内部关系上，除共有人另有约定外，按份共有人按照份额享有债权、承担债务，共同共有人共同享有债权、承担债务。首先，除共有人另有约定外，因共有形式不同，共有人享有债权、承担债务的方式也不同。其次，只有按份共有人有权向其他共有人追偿，并且，行使该追偿权的前提是其偿还债务超过自己应当承担的份额。

第九章　所有权取得的特别规定

65. 善意取得应当符合什么条件？

善意取得，又称为即时取得，是指无处分权人将其动产或不动产转让给受让人，受让人取得该动产或不动产时出于善意，则其将依法取得对该动产的所有权或其他物权。根据《民法典》第311条的规定，适用善意取得，应当符合以下三个条件：（1）受让人受让该不动产或者动产时是善意的；（2）以合理的价格转让；（3）转让的不动产或者动产依照法律规定应当登记的已经登记，不需要登记的已经交付给受让人。其中，“受让人受让该不动产或者动产时”，是指依法完成不动产物权转移登记或者动产交付之时。“善意”，是指受让人受让不动产或者动产时，不知道转让人无处分权，且无重大过失的。“合理的价格”，应当根据转让标的物的性质、数量以及付款方式等具体情况，参考转让时交易地市场价格以及交易习惯等因素综合认定。

适用善意取得，将产生两个效果：（1）物权的变动。一旦因善意取得导致标的物之上的所有权和他物权消灭，取得人完全取得一个新的物权，而原权利人的所有权将因此消灭。（2）无权转让人的法律责任。由于原权利人的标的物的所有权因善意取得而消灭，但其又不能请求受让人返还财产，因此法律对原权利人提供了一种债权上的救济，即权利人可以基于债权请求权要求转让人承担合同责任、侵权责任或不当得利的返还责任，但不能向受让人和其他权利人追及。

66. 对遗失物应当如何处理？

遗失物，是指非基于占有人自身的意思而丧失占有，且非无主的动产。根据《民法典》第312条、第314条、第315条、第316条、第317条和第318条的规定，不同的主体可以进行不同的处理。

首先，对于拾得人来说，应当将遗失物返还权利人，可以及时通知权利人领取，或者送交公安等有关部门。拾得人在遗失物送交有关部门前应当妥善保管遗失物，因故意或者重大过失致使遗失物毁损、灭失的，应当承担民事责任。拾得人侵占遗失物的，无权请求保管遗失物等支出的费用，也无权请求权利人按照承诺履行义务。另外，对于拾得人所获取的收益，还可以按不当得利处理。

其次，对于保管部门而言，收到拾得人送交的遗失物，知道权利人的，应当及时通知其领取；不知道的，应当及时发布招领公告；在遗失物被领取前，应当妥善保管遗失物，因故意或者重大过失致使遗失物毁损、灭失的，应当承担民事责任。遗失物自发布招领公告之日起一年内无人认领的，归国家所有。

最后，对于权利人来说，有权追回遗失物。权利人在领取遗失物时，应当向拾得人或者有关部门支付保管遗失物等支出的必要费用，拾得人在拾得遗失物至归还期间，常需支出一定的费用，主要包括保管费、公告费以及其他必要的费用。拾得人有权就支出的费用请求失主给予补偿，但失主支出的补偿以遗失物保管期间的必要支出为限。如果失主为寻找遗失物而发布了悬赏广告，拾得人可依悬赏广告所列报酬提出请求。领取人拒不支付拾得人、保管部门为保管遗失物所支付的必要费用或者承诺给拾得人的报酬的，拾得人、保管部门可以行使留置权。

如果该遗失物通过转让被他人占有的，权利人有权向无处分权人请求损害赔偿，或者自知道或者应当知道受让人之日起两年内向受让人请求返还原物；但是，受让人通过拍卖或者向具有经营资格的经营者购得该遗失物的，权利人请求返还原物时应当支付受让人所付的费用。权利人向受让人支付所付费用后，有权向无处分权人追偿。值得注意的是，如果遗失物是货币或者无记名有价证券，遗失人无权向善意取得人请求返还原物，只能向出让人请求返还同种类物或者请求其他赔偿。

67. 如何确定漂流物、埋藏物、隐藏物的归属?

《民法典》第 319 条规定，拾得漂流物、发现埋藏物或者隐藏物的，参照适用拾得遗失物的有关规定。法律另有规定的，依照其规定。

漂流物，是指漂流在水上的遗失物。拾得漂流物，应当归还失主，因此支出的费用由失主偿还。具体可参照拾得遗失物的相关规定。埋藏物，是指藏附隐匿于动产或不动产中，不知该物所有权归属为谁的财产。埋藏物以动产为限。埋藏物的发现，是指发现埋藏物并予以占有的一种法律事实，不以发现人有行为能力为条件，属于事实行为，因发现埋藏物而取得物的所有权，属原始取得。隐藏物，是指放置于隐蔽的场所，不易被发现的物。

在埋藏物和隐藏物被发现后，如果埋藏或隐藏该物之人或其继承人能够证明其合法的所有权或继承权时，应当将发现的埋藏物或隐藏物交还给埋藏或隐藏该物的人或者其继承人，以保护合法财产权利。埋藏或隐藏于公民祖宅且能够基本证明属于其祖产的埋藏物，在无法律明文规定禁止其拥有的情况下，应判定属于公民私人财产。只有确实查证发现的埋藏物或隐藏物的所有人不明时，才归国家所有。中华人民共和国境内地下遗存的文物一般推定为“属于国家所有”。

68. 什么是主物和从物？其转让规则是什么？

主物，是指独立存在，与同属于一人的他物结合在一起使用而起主要作用的物。从物是主物的对称，是指独立存在，与同属于一人的他物合并使用而起辅助作用的物。例如，自行车和车锁，其中自行车是主物，车锁是从物。主物和从物的关系及划分标准一般有如下几个方面：（1）主物和从物在物理意义上看是两个独立的物，而不是整体与部分的关系；（2）主物和从物结合在一起发挥作用，即必须有从物附着于主物的事实，并且从物对主物发挥辅助性的作用；（3）主物和从物必须具有可分性；（4）主物和从物应为同一人所有。

《民法典》第320条规定，主物转让的，从物随主物转让，但是当事人另有约定的除外。由此可知，主物和从物转让的一般规则是从物随主物一并转让，这是为了更好地发挥物的效用。但是，在一般规则之下，又允许当事人另作约定，如在自行车买卖当中，完全可以约定只卖自行车而车锁仍然由卖方保留。原因是主物和从物毕竟是两个独立的物，从物附着于主物一般也有其可分性，从物与主物的分离并不妨碍主物的经济效用的发挥。

69. 什么是孳息？如何确定其归属？

孳息是指由原物所产生的收益。孳息分为天然孳息和法定孳息。天然孳息，是指依物的自然属性所产生的物。天然孳息的范围非常广，主要来源于种植业和养殖业，如耕作土地获得粮食和其他出产物，种植果树产生果实，养殖牲畜获得各种子畜和奶产品等。法定孳息，是指物依据法律规定或当事人的法律行为而产生的孳息，如利息、租金等。

根据《民法典》第321条的规定，天然孳息，由所有权人取得；既有所有权人又有用益物权人的，由用益物权人取得。当事人另有约定的，按照其约定。法定孳息，当事人有约定的，按照约定取得；没有约定或者约定不明确的，按照交易习惯取得。

70. 如何确定因加工、附合、混合而产生的物的归属？

“加工”，是指一方使用他人的物，将其加工改造为具有更高价值的物，原物因为加工人的劳动而成为新物，如在他人的木板上作画。“附合”，是指不同所有人的物密切结合在一起而成为一种新物，如砖、木的附合构建成房屋。在附合的情况下，各原所有人的物虽可识别，但非经拆毁不能恢复原来的状态。“混合”，是指不同所有人的物互相结合在一起，难以分开并形成新的财产，如两种不同的酒的混合。混合与附合不同，混合已经不能识别原各所有人的财产。

根据《民法典》第 322 条的规定，确定因加工、附合、混合而产生的物的归属应遵循以下规则：（1）约定优先。如果当事人对该物的归属有明确的约定，则按照约定确定其归属。（2）依法确定。如果当事人对该物的归属没有约定，或者约定不明确的，则按照法律的有关规定确定其归属。（3）发挥物的效用以及保护无过错当事人原则。如果对该物的归属既没有当事人约定，也没有法律规定，则应按照充分发挥物的效用以及保护无过错当事人的原则确定其归属，其中，应当优先考虑的是发挥物的效用原则。

第三分编　用益物权

第十章　一般规定

71. 什么是用益物权？《民法典》中规定了哪些用益物权？

《民法典》第 323 条规定，用益物权人对他人所有的不动产或者动产，依法享有占有、使用和收益的权利。

所谓用益物权，是指权利人对他人的所有物依法享有占有、使用、收益并排除他人干涉的权利，是一种在他人之物上设立的他物权。我国法律将用益物权的物明确规定为不动产和动产，而实际生活中用益物权一般设立在不动产之上。

占有是对物进行使用和收益的前提。所谓占有，是指对不动产或者动产事实上的控制与支配。占有是一种事实状态，占有人可能是在有法律依据的情况下对物进行占有，也可能是在没有法律依据的情况下对物进行占有。用益物权的行使以占有标的物为前提，以使用标的物为手段，以获取收益为目的。

《民法典》物权编第三分编是对用益物权制度的详细规定，明确了用益物权人的基本权利和义务，规定了海域使用权、探矿权、采矿权、取水权、使用水域、滩涂从事养殖、捕捞的权利、土地承包经营权、建设用地使用权、宅基地使用权、居住权、地役权等用益物权。

72. 在自然资源上可以设立用益物权吗?

《民法典》第 324 条规定，国家所有或者国家所有由集体使用以及法律规定属于集体所有的自然资源，组织、个人依法可以占有、使用和收益。此条规定即在自然资源上设立用益物权的法律依据。

自然资源使用权一般包括海域使用权、探矿权、采矿权、取水权和使用水域、滩涂从事养殖、捕捞的权利。对自然资源使用权实行有偿使用制度，但法律另有规定的除外。自然资源使用权的获得主要有确认取得、授权取得、转让取得和开发利用取得四种方式。用益物权人行使权利，应当遵守法律有关保护和合理开发利用资源的规定。所有权人不得干涉用益物权人行使权利。

第十一章　土地承包经营权

73. 什么是土地承包经营制度？

我国农村集体经济组织实行以家庭承包经营为基础、统分结合的双层经营体制，对农民集体所有和国家所有由农民集体使用的耕地、林地、草地以及其他用于农业的土地，依法实行土地承包经营制度。

土地承包经营权人依法对其承包经营的耕地、林地、草地等享有占有、使用和收益的权利，有权从事种植业、林业、畜牧业等农业生产。承包人对于承包土地等生产资料有权独立进行占有、使用、收益，进行生产经营活动，并排除包括集体组织在内的任何组织或个人的非法干涉。

农村土地承包采取农村集体经济组织内部的家庭承包方式，不宜采取家庭承包方式的荒山、荒沟、荒丘、荒滩等农村土地，可以采取招标、拍卖、公开协商等方式承包。

农村土地承包，妇女与男子享有平等的权利。承包中应当保护妇女的合法权益，任何组织和个人不得剥夺、侵害妇女应当享有的土地承包经营权。采取家庭承包方式的，农户内家庭成员依法平等享有承包土地的各项权益。

承包人承包土地后，即享有土地承包经营权，可以自己经营，也可以保留土地承包权，流转其承包地的土地经营权，由他人经营。国家保护承包方依法、自愿、有偿流转土地经营权，保护土地经营权人的合法权益，任何组织和个人不得侵犯。

74. 土地承包经营权如何设立？

农村土地承包，发包方应当与承包方签订书面承包合同。承包合同自成立之日起生效。根据《民法典》第 333 条的规定，土地承包经营权自土地承包经营权合同生效时设立。登记机构应当向土地承包经营权人发放土地承包经营权证、林权证等证书，并登记造册，确认土地承包经营权。

承包合同一般包括以下条款：（1）发包方、承包方的名称，发包方负责人和承包方代表的姓名、住所；（2）承包土地的名称、坐落、面积、质量等级；（3）承包期限和起止日期；（4）承包土地的用途；（5）发包方和承包方的权利和义务；（6）违约责任。

75. 土地承包人享有哪些权利和义务？

根据《民法典》第 331 条、第 334 条、第 338 条、第 339 条，《农村土地承包法》第 17 条的规定，承包方享有下列权利：（1）依法享有承包地使用、收益的权利，有权自主组织生产经营和处置产品;（2）依法互换、转让土地承包经营权;（3）依法流转土地经营权;（4）承包地被依法征收、征用、占用的，有权依法获得相应的补偿;（5）法律、行政法规规定的其他权利。

根据《农村土地承包法》第 18 条的规定，承包方承担下列义务:（1）维持土地的农业用途，未经依法批准不得用于非农建设;（2）依法保护和合理利用土地，不得给土地造成永久性损害;（3）法律、行政法规规定的其他义务。

76. 土地承包经营权有期限吗？期限届满以后怎么办？

根据《民法典》第 332 条的规定，耕地的承包期为三十年。草地的承包期为三十年至五十年。林地的承包期为三十年至七十年。上述承包期限届满，由土地承包经营权人依照农村土地承包的法律规定继续承包。

《农村土地承包法》第 21 条第 1 款对承包期的规定与《民法典》一样，第 2 款则规定耕地承包期届满后再延长三十年，草地、林地承包期届满后依照前款规定相应延长。也就是说，承包期限届满之后，耕地的承包期可以再延长三十年，草地的承包期可以延长三十年至五十年，林地的承包期可以延长三十年至七十年。

77. 土地承包经营权可以转让吗？有何限制？

《民法典》第 334 条规定，土地承包经营权人依照法律规定，有权将土地承包经营权互换、转让。未经依法批准，不得将承包地用于非农建设。根据《土地管理法》第 4 条的规定，我国实行土地用途管制制度。土地分为农用地、建设用地和未利用地，农用地是指直接用于农业生产的土地，包括耕地、林地、草地、农田水利用地、养殖水面等。因此，土地承包经营权是可以转让的，但是对于所承包土地的用途有限制，转让之后仍为农用地，未经批准，不能将承包地用途改为农用地以外的土地用途。

78. 承包人进城落户的，还享有土地承包经营权吗？

我国的农村土地政策是保持农村土地承包关系稳定并长久不变，维护农村土地承包经营当事人的合法权益。《民法典》第 337 条规定，承包期内发包人不得收回承包地。法律另有规定的，依照其规定。《农村土地承包法》第 27 条规定，承包期内，发包方不得收回承包地。国家保护进城农户的土地承包经营权，不得以退出土地承包经营权作为农户进城落户的条件。承包期内，承包农户进城落户的，引导支持其按照自愿有偿原则依法在本集体经济组织内转让土地承包经营权或者将承包地交回发包方，也可以鼓励其流转土地经营权。承包期内，承包方交回承包地或者发包方依法收回承包地时，承包方对其在承包地上投入而提高土地生产能力的，有权获得相应的补偿。

此外，根据《农村土地承包法》第 30 条的规定，承包方自愿交回承包地的，应当提前半年以书面形式通知发包方。承包方在承包期内交回承包地的，在承包期内不得再要求承包土地。但是下一轮土地承包开始时，承包人还可以参与土地承包。

79. 对妇女的土地承包经营权有什么保护？

集体经济组织成员，不分男女，可以平等地获得土地承包权。根据《农村土地承包法》第31条的规定，对于妇女的土地承包经营权的保护主要体现在以下两个方面：（1）妇女因结婚等原因离开原集体经济组织，迁入新集体经济组织的，如果其在新集体经济组织没有获得承包地，则其在原集体经济组织的承包地可以保留。（2）妇女离婚或者丧偶后，如果仍在原居住地生活的，原居住地应当保留该妇女的承包地；如果不在原居住地生活的，新居住地所在村、村民小组应当为该妇女分配承包地，在新的承包关系确立之前，妇女原居住地的发包方应当保留妇女的土地承包经营权，不得收回其承包地。

80. 承包期内，发包方可以调整承包地吗？

为了维护承包关系的稳定性，保护承包人利益，《民法典》第336条规定，承包期内发包人不得调整承包地。因自然灾害严重毁损承包地等特殊情形，需要适当调整承包的耕地和草地的，应当依照农村土地承包的法律规定办理。具体的调整办法可以参照《农村土地承包法》第28条的规定：承包期内，因自然灾害严重毁损承包地等特殊情形对个别农户之间承包的耕地和草地需要适当调整的，必须经本集体经济组织成员的村民会议三分之二以上成员或者三分之二以上村民代表的同意，并报乡（镇）人民政府和县级人民政府农业农村、林业和草原等主管部门批准。承包合同中约定不得调整的，按照其约定。

81. 土地承包经营权与土地经营权有什么区别？

《农村土地承包法》第 9 条规定，承包方承包土地后，享有土地承包经营权，可以自己经营，也可以保留土地承包权，流转其承包地的土地经营权，由他人经营。可见，土地承包经营权是一项大的权利，其可以细分为土地承包权和土地经营权。土地承包权一般与集体经济组织成员的身份密切相关，而土地经营权则对土地经营权人没有身份限制，土地承包经营权人可以采取出租、转让、入股等方式流转土地经营权。《农村土地承包法》第 10 条规定，国家保护承包方依法、自愿、有偿流转土地经营权，保护土地经营权人的合法权益，任何组织和个人不得侵犯。

82. 土地经营权可以流转吗？

《民法典》第 339 条规定，土地承包经营权人可以自主决定依法采取出租、入股或者其他方式向他人流转土地经营权。因此，土地经营权是可以流转的。《民法典》第 340 条规定，土地经营权人有权在合同约定的期限内占有农村土地，自主开展农业生产经营并取得收益。土地经营权人取得土地经营权后，即享有利用土地并获得收益的权利，至于是自己直接利用土地开展农业生产经营以获取收益，还是通过出租、入股或者其他方式流转土地经营权来获取收益，都是土地经营权人的自由。

83. 土地经营权的流转有何条件？

根据《农村土地承包法》第 38 条规定，土地经营权流转应当遵循以下原则：（1）依法、自愿、有偿，任何组织和个人不得强迫或者阻碍土地经营权流转；（2）不得改变土地所有权的性质和土地的农业用途，不得破坏农业综合生产能力和农业生态环境；（3）流转期限不得超过承包期的剩余期限；（4）受让方须有农业经营能力或者资质；（5）在同等条件下，本集体经济组织成员享有优先权。

84. 对土地经营权的流转有何保护措施？

允许土地经营权流转的规定是对农村土地所有权、承包权、经营权“三权分置”改革的进一步落实，有利于合理规划、高效利用农村土地资源。《民法典》第 341 条规定，流转期限为五年以上的土地经营权，自流转合同生效时设立。当事人可以向登记机构申请土地经营权登记；未经登记，不得对抗善意第三人。

五年以上的土地经营权流转合同并非经由登记生效，而是经由登记使其具有对抗效力。登记之后，如果承包人再与其他人签订土地经营权流转合同，该后签订的合同则不受法律保护。允许对土地经营权流转合同进行登记，使其具备对抗善意第三人的效力，有利于防止土地承包经营权人将一块地的土地经营权同时转让给多人，或是随意解除合同，保护了土地经营权人的利益。

第十二章　建设用地使用权

85. 什么是建设用地使用权?

建设用地使用权，是为了在国有土地上进行开发利用而设立的权利，区别于针对集体土地的土地承包权和宅基地使用权。根据《民法典》第 344 条的规定，建设用地使用权人依法对国家所有的土地享有占有、使用和收益的权利，有权利用该土地建造建筑物、构筑物及其附属设施。

86. 什么叫作分层设立建设用地使用权?

《民法典》第 345 条规定，建设用地使用权可以在土地的地表、地上或者地下分别设立。因为我国人口密度大，土地资源紧缺，国家鼓励民众提高土地利用率。随着现代科学技术的发展，我们已经能在地下很深的地方对土地进行开发与利用，这使得土地资源的使用效能大大提高。比如，在城市地上建筑物之下统一规划建设地铁及其附属设施，在广场下建设地下商业步行街，利用地上空间建造过街天桥，地上建筑物与地下停车场分别属于不同权利人，等等，这些都是分层设立建设用地使用权的典型事例。

在分层出让建设用地使用权时，不同层次的权利人按照同样的规定取得土地使用权，在法律上他们的权利和义务是相同的，只是其使用权所占用的空间范围有所区别。

此外还需要注意，如果在进行地下建筑物建造施工过程中挖出了文物、矿藏等资源，建设用地使用权人无权占有，并须立即上报。因为根据《城镇国有土地使用权出让和转让暂行条例》第 2 条的规定，国家按照所有权与使用权分离的原则，实行城镇国有土地使用权出让、转让制度，但地下资源、埋藏物和市政公用设施除外。

87. 建设用地使用权的设立方式有哪些?

对于建设用地使用权的设立，《民法典》规定了出让和划拨两种方式。

《民法典》第 347 条规定，设立建设用地使用权，可以采取出让或者划拨等方式。工业、商业、旅游、娱乐和商品住宅等经营性用地以及同一土地有两个以上意向用地者的，应当采取招标、拍卖等公开竞价的方式出让。严格限制以划拨方式设立建设用地使用权。

所谓出让，根据《城市房地产管理法》第 8 条的规定，是指国家将国有土地使用权在一定年限内出让给土地使用者，由土地使用者向国家支付土地使用权出让金的行为。土地使用权出让，可以采取拍卖、招标或者双方协议的方式。

所谓划拨，根据《城市房地产管理法》第 23 条的规定，是指县级以上人民政府依法批准，在土地使用者缴纳补偿、安置等费用后将该幅土地交付其使用，或者将土地使用权无偿交付给土地使用者使用的行为。以划拨方式取得土地使用权的，除法律、行政法规另有规定外，没有使用期限的限制。

国家严格限制以划拨方式设立建设用地使用权。根据《城市房地产管理法》第 24 条的规定，下列建设用地的土地使用权，确属必需的，可以由县级以上人民政府依法批准划拨：（1）国家机关用地和军事用地；（2）城市基础设施用地和公益事业用地；（3）国家重点扶持的能源、交通、水利等项目用地；（4）法律、行政法规规定的其他用地。

88. 如何签订建设用地使用权出让合同？

建设用地使用权出让合同，是指国家以土地所有人的身份将建设用地使用权在一定年限内让与建设用地使用权人，由建设用地使用权人向国家支付建设用地使用权出让金的协议。

《民法典》第 348 条规定，通过招标、拍卖、协议等出让方式设立建设用地使用权的，当事人应当采用书面形式订立建设用地使用权出让合同。

建设用地使用权出让合同一般包括下列条款：（1）当事人的名称和住所；（2）土地界址、面积等；（3）建筑物、构筑物及其附属设施占用的空间；（4）土地用途、规划条件；（5）建设用地使用权期限；（6）出让金等费用及其支付方式；（7）解决争议的方法。

89. 建设用地使用权何时设立？

《民法典》第 349 条规定，设立建设用地使用权的，应当向登记机构申请建设用地使用权登记。建设用地使用权自登记时设立。登记机构应当向建设用地使用权人发放权属证书。根据该条的规定，建设用地使用权这一用益物权以登记为生效要件。

此处需要分清物权效力和合同效力的不同之处。建设用地使用权采取登记生效主义，而土地出让合同的效力则受一般合同生效要件的影响。此外，《民法典》第 351 条规定，建设用地使用权人应当依照法律规定以及合同约定支付出让金等费用。《城市房地产管理法》第 16 条规定，土地使用者必须按照出让合同约定，支付土地使用权出让金；未按照出让合同约定支付土地使用权出让金的，土地管理部门有权解除合同，并可以请求违约赔偿。如果土地使用权出让合同解除，土地使用者向登记机构申请建设用地使用权登记后，建设用地使用权才能正式设立。此时，登记机构会向权利人发放权属证书。

90. 建设用地使用权人可以改变土地用途吗？

《民法典》第 350 条规定，建设用地使用权人应当合理利用土地，不得改变土地用途；需要改变土地用途的，应当依法经有关行政主管部门批准。

《城市房地产管理法》第 18 条规定，土地使用者需要改变土地使用权出让合同约定的土地用途的，必须取得出让方和市、县人民政府城市规划行政主管部门的同意，签订土地使用权出让合同变更协议或者重新签订土地使用权出让合同，相应调整土地使用权出让金。

91. 建设用地使用权如何流转？

《民法典》第 353 条规定，建设用地使用权人有权将建设用地使用权转让、互换、出资、赠与或者抵押，但是法律另有规定的除外。

《城镇国有土地使用权出让和转让暂行条例》第 19 条规定，土地使用权转让是指土地使用者将土地使用权再转移的行为，包括出售、交换和赠与。但是，未按土地使用权出让合同规定的期限和条件投资开发、利用土地的，土地使用权不得转让。第 20 条规定，土地使用权转让应当签订转让合同。

《民法典》规定的“转让”与《城镇国有土地使用权出让和转让暂行条例》规定的“出售”概念类似，是指转让人以土地使用权作为交易条件，取得一定收益的行为。“互换”，是指土地使用者之间互相转移土地使用权的行为。“出资”，是指将土地使用权作价出资。“赠与”，是指转让人将土地使用权无偿转移给受让人的行为。土地使用权出租，是指土地使用者将土地使用权单独或者随同地上建筑物、其他附着物租赁给他人使用，由他人向其支付租金的行为。

《民法典》第354条规定，建设用地使用权转让、互换、出资、赠与或者抵押的，当事人应当采用书面形式订立相应的合同。使用期限由当事人约定，但是不得超过建设用地使用权的剩余期限。第355条规定，建设用地使用权转让、互换、出资或者赠与的，应当向登记机构申请变更登记。

92. 什么是房地一体原则？

房地一体原则，是指当转让、抵押房屋等建筑物的所有权时，其占用范围内的土地使用权也要一并转让、抵押；当转让、抵押土地使用权时，其地上的房屋等建筑物所有权也要一并转让、抵押。前者俗称“地随房走”，后者俗称“房随地走”。

《城市房地产管理法》第32条规定，房地产转让、抵押时，房屋的所有权和该房屋占用范围内的土地使用权同时转让、抵押。此条规定体现了房地一体原则中的“地随房走”。

《民法典》第356条规定，建设用地使用权转让、互换、出资或者赠与的，附着于该土地上的建筑物、构筑物及其附属设施一并处分。此条规定体现了房地一体原则中的“房随地走”。

《民法典》第357条规定，建筑物、构筑物及其附属设施转让、互换、出资或者赠与的，该建筑物、构筑物及其附属设施占用范围内的建设用地使用权一并处分。此条规定体现了房地一体原则中的“地随房走”。

《民法典》第 397 条规定，以建筑物抵押的，该建筑物占用范围内的建设用地使用权一并抵押。以建设用地使用权抵押的，该土地上的建筑物一并抵押。抵押人未依照前款规定一并抵押的，未抵押的财产视为一并抵押。此条规定全面体现了房地一体原则。

93. 可以提前收回建设用地使用权吗？有没有补偿？

根据相关法律、行政法规的规定，在建设用地使用权到期前，出让人不能随意收回该土地，除非因为社会公共利益需要，在对土地及利用土地开发的建筑物、构筑物等不动产给予补偿的前提下，出让人才能收回该土地。

《土地管理法》第 2 条第 4 款规定，国家为了公共利益的需要，可以依法对土地实行征收或者征用并给予补偿。

《民法典》第 358 条规定，建设用地使用权期限届满前，因公共利益需要提前收回该土地的，应当依据本法第二百四十三条的规定对该土地上的房屋以及其他不动产给予补偿，并退还相应的出让金。

《城市房地产管理法》第 20 条规定，国家对土地使用者依法取得的土地使用权，在出让合同约定的使用年限届满前不收回；在特殊情况下，根据社会公共利益的需要，可以依照法律程序提前收回，并根据土地使用者使用土地的实际年限和开发土地的实际情况给予相应的补偿。

94. 公共利益的含义是什么？

提前收回建设用地使用权容易引发纠纷，主要争议点在于对“公共利益”的理解与补偿数额两个方面。

对于公共利益的理解，可以参照《国有土地上房屋征收与补偿条例》第 8 条规定。为了保障国家安全、促进国民经济和社会发展等公共利益的需要，有下列情形之一，确需征收房屋的，由市、县级人民政府作出房屋征收决定：(1) 国防和外交的需要；(2) 由政府组织实施的能源、交通、水利等基础设施建设的需要；(3) 由政府组织实施的科技、教育、文化、卫生、体育、环境和资源保护、防灾减灾、文物保护、社会福利、市政公用等公共事业的需要；(4) 由政府组织实施的保障性安居工程建设的需要；(5) 由政府依照城乡规划法有关规定组织实施的对危房集中、基础设施落后等地段进行旧城区改建的需要；(6) 法律、行政法规规定的其他公共利益的需要。

95. 对建设用地使用权的期限有何规定？

根据我国法律、行政法规的规定，对于以出让方式取得的建设用地使用权有期限限制，对于以划拨方式取得的建设用地使用权一般没有期限限制。

《城市房地产管理法》第 3 条规定，国家依法实行国有土地有偿、有限期使用制度。但是，国家在本法规定的范围内划拨国有土地使用权的除外。

《城镇国有土地使用权出让和转让暂行条例》第12条规定，土地使用权出让最高年限按下列用途确定：(1) 居住用地七十年；(2) 工业用地五十年；(3) 教育、科技、文化、卫生、体育用地五十年；(4) 商业、旅游、娱乐用地四十年；(5) 综合或者其他用地五十年。

96. 建设用地使用权期限届满怎么办?

《民法典》第359条第1款规定，住宅建设用地使用权期限届满的，自动续期。续期费用的缴纳或者减免，依照法律、行政法规的规定办理。

《民法典》第359条第2款规定，非住宅建设用地使用权期限届满后的续期，依照法律规定办理。该土地上的房屋以及其他不动产的归属，有约定的，按照约定；没有约定或者约定不明确的，依照法律、行政法规的规定办理。

《城市房地产管理法》第22条规定，土地使用权出让合同约定的使用年限届满，土地使用者需要继续使用土地的，应当至迟于届满前一年申请续期，除根据社会公共利益需要收回该幅土地的，应当予以批准。经批准准予续期的，应当重新签订土地使用权出让合同，依照规定支付土地使用权出让金。土地使用权出让合同约定的使用年限届满，土地使用者未申请续期或者虽申请续期但依照前款规定未获批准的，土地使用权由国家无偿收回。

97. 建设用地使用权因何消灭？

建设用地使用权消灭的原因主要有以下几种：

（1）土地灭失。物权的存在以物的存在为前提。因地震、火山爆发等自然灾害导致土地消灭或失去使用效能的，建设用地使用权随之灭失。《城市房地产管理法》第 21 条规定，土地使用权因土地灭失而终止。

（2）期限届满后未续期。通过出让取得的建设用地使用权一般设有不同的期限，到期后建设用地即使可以自动续期，也需要缴纳一定的续期费用。如果土地使用人到期不按照规定申请续期或缴纳续期费用，则建设用地使用权将因期限届满而消灭。《城市房地产管理法》第 22 条第 2 款规定，土地使用权出让合同约定的使用年限届满，土地使用者未申请续期或者虽申请续期但依照前款规定未获批准的，土地使用权由国家无偿收回。

（3）提前收回。提前收回的原因一般是社会公共利益需要。《民法典》第 358 条规定，建设用地使用权期限届满前，因公共利益需要提前收回该土地的，应当依据本法第 243 条的规定对该土地上的房屋以及其他不动产给予补偿，并退还相应的出让金。《城市房地产管理法》第 20 条规定，国家对土地使用者依法取得的土地使用权，在出让合同约定的使用年限届满前不收回；在特殊情况下，根据社会公共利益的需要，可以依照法律程序提前收回，并根据土地使用者使用土地的实际年限和开发土地的实际情况给予相应的补偿。

（4）行政处罚。因建设用地使用权人违反相关规定闲置土地，或者违反合同约定的土地开发利用条件的，行政机关可以进行行政处罚，包括无偿收回建设用地使用权。《城市房地产管理法》第26条规定，以出让方式取得土地使用权进行房地产开发的，必须按照土地使用权出让合同约定的土地用途、动工开发期限开发土地。超过出让合同约定的动工开发日期满一年未动工开发的，可以征收相当于土地使用权出让金百分之二十以下的土地闲置费；满二年未动工开发的，可以无偿收回土地使用权；但是，因不可抗力或者政府、政府有关部门的行为或者动工开发必需的前期工作造成动工开发迟延的除外。《城市房地产开发经营管理条例》第15条对无偿收回土地使用权的条件也有同样规定。

（5）土地停止使用。经划拨取得的建设用地使用权一般没有期限限制。但如果因单位撤销、迁移等原因，停止使用原划拨的国有土地的，其建设用地使用权消灭。

第十三章　宅基地使用权

98. 什么是宅基地使用权？

《民法典》第 362 条规定，宅基地使用权人依法对集体所有的土地享有占有和使用的权利，有权依法利用该土地建造住宅及其附属设施。

宅基地使用权是基于国有土地与集体土地的区分，针对使用集体土地的村集体经济组织成员而设立的一种用益物权。宅基地使用权人可以在宅基地上建造房屋及其他附属设施，并有权排除他人的干涉。

需要注意的是，有权取得宅基地使用权的主体只有农村集体经济组织的村民。宅基地使用权是对农民的一种特殊福利保障，因此，其他人不能成为宅基地使用权的主体。现实生活中，有些城镇居民向村民购买房屋，这种房屋俗称“小产权房”。2020 年 5 月 14 日，自然资源部发布了《关于加快宅基地和集体建设用地使用权确权登记工作的通知》，提出对城镇居民非法购买宅基地、小产权房等，不得办理登记，不得通过登记将违法用地合法化。

99. 宅基地使用权如何取得?

《民法典》第363条规定，宅基地使用权的取得、行使和转让，适用土地管理的法律和国家有关规定。

《土地管理法》第62条对于宅基地的取得规定了下列几项限制条件:

（1）不超过规定面积。农村村民一户只能拥有一处宅基地，其宅基地的面积不得超过省、自治区、直辖市规定的标准。人均土地少、不能保障一户拥有一处宅基地的地区，县级人民政府在充分尊重农村村民意愿的基础上，可以采取措施，按照省、自治区、直辖市规定的标准保障农村村民实现户有所居。

（2）符合用地规划。农村村民建住宅，应当符合乡（镇）土地利用总体规划、村庄规划，不得占用永久基本农田，并尽量使用原有的宅基地和村内空闲地。编制乡（镇）土地利用总体规划、村庄规划应当统筹并合理安排宅基地用地，改善农村村民居住环境和条件。

（3）经依法审批。农村村民住宅用地，由乡（镇）人民政府审核批准；其中，涉及占用农用地的，还需要按照《土地管理法》第44条的规定办理农用地转用的审批手续。

100. 宅基地使用权可以继承吗?

《民法典》第1122条规定，遗产是自然人死亡时遗留的个人合法财产。依照法律规定或者根据其性质不得继承的遗产，不得继承。根据该条规定，继承的对象必须为个人所有的合法财产。

《土地管理法》第9条第2款规定，农村和城市郊区的土地，除由法律规定属于国家所有的以外，属于农民集体所有；宅基地和自留地、自留山，属于农民集体所有。因此，宅基地属于农村集体经济组织所有，村民个人只有使用权，即宅基地不属于村民个人所有的财产，依法不能继承。

但是，在宅基地上建造的房屋，属于村民个人所有的合法财产，是可以继承的。继承人通过继承取得房屋后，根据“房地一体”原则，宅基地使用权与宅基地一同转移，房屋所有权人可以继续使用该宅基地。但是，一旦房屋灭失，则宅基地使用权就失去了依托的主体，必须由村集体组织收回。

101. 失去宅基地的村民可以申请重新分配宅基地吗?

关于失去宅基地的村民是否可以申请重新分配宅基地，根据其失去宅基地的原因，可以区分为以下两种情况：

（1）因宅基地灭失而失去宅基地的，村民可以申请重新分配宅基地。此种情况下，《民法典》第364条规定，宅基地因自然灾害等原因灭失的，宅基地使用权消灭。对失去宅基地的村民，应当依法重新分配宅基地。

（2）因出卖等原因失去宅基地的，村民不能申请重新分配宅基地。《土地管理法》第 62 条第 5 款规定，农村村民出卖、出租、赠与住宅后，再申请宅基地的，不予批准。

第十四章　居住权

102. 什么是居住权？

《民法典》第 366 条规定，居住权人有权按照合同约定，对他人的住宅享有占有、使用的用益物权，以满足生活居住的需要。根据该条规定可以明确，居住权是根据合同约定得来的权利，是一种对他人所有之物行使权力的他物权，因追求物的使用价值而可归类为用益物权，使用目的是满足生活居住需要。

居住权的设立主要有以下两种方式：

第一，通过合同设立。《民法典》第 367 条规定，设立居住权，当事人应当采用书面形式订立居住权合同。居住权合同一般包括下列条款：（1）当事人的姓名或者名称和住所；（2）住宅的位置；（3）居住的条件和要求；（4）居住权期限；（5）解决争议的方法。对居住权合同效力的判断可参照《民法典》关于合同效力的一般规定。居住权合同签订后，必须及时向登记机构申请居住权登记。居住权合同生效只是进行居住权设立的前提条件，居住权登记才是居住权设立的最后生效要件。也就是说，签订合同与进行登记这两个条件缺一不可。

第二，通过遗嘱设立。《民法典》第371条规定，以遗嘱方式设立居住权的，参照适用本章的有关规定。

《民法典》第368条第1句规定，居住权无偿设立，但是当事人另有约定的除外。也就是说，居住权以无偿设立为原则，以有偿设立为例外。

103. 居住权可以转让吗?

《民法典》第369条规定，居住权不得转让、继承。设立居住权的住宅不得出租，但是当事人另有约定的除外。

居住权以不可转让为原则，以可转让为例外。一般来说，居住权是为特定的权利人设立的，只能由该权利人本人享有，不能转给他人。但是，如果当事人之间对于居住权可以转让存在特殊约定，则法律尊重当事人之间的约定，允许居住权转让。

104. 居住权何时消灭?

《民法典》第370条第1句规定，居住权期限届满或者居住权人死亡的，居住权消灭。因为居住权具有期限特定、居住权人特定的特点，一般是由特定的权利人终身享有。因此，当居住期限或居住权人任何一项发生变故时，都会对居住权产生影响。

此外，依据居住权合同取得居住权的，合同中可能对于居住权存续的条件有详细约定，若居住权人违反合同约定，也可能导致居住权消灭。

《民法典》第370条第2句规定，居住权消灭的，应当及时办理注销登记。

第十五章　地役权

105. 什么是地役权?

所谓地役权，是指地役权人因通行、取水、排水、通风、采光、铺设管线等需要，有权利用他人土地，以提高自己土地的便利与效益。

《民法典》第372条规定，地役权人有权按照合同约定，利用他人的不动产，以提高自己的不动产的效益。前款所称他人的不动产为供役地，自己的不动产为需役地。

在《民法典》关于相邻关系的规定中，相邻不动产的权利人为了对方使用不动产的方便，也会对自己的不动产作出一些限制，但必须以相邻为前提，且权利义务的内容是由法律规定的，给予的方便是相互的，是无偿的。而地役权不以土地相邻为前提，是根据约定设立的权利，是供役地一方为需役地一方提供方便，权利义务的内容由当事人自由约定，可以是有偿的。

地役权人，可以是土地所有权人，也可以是土地承包经营权人、建设用地使用权人或是宅基地使用权人。设立地役权的供役地，不限于他人所有的土地，也包括他人享有土地承包经营权、建设用地使用权、宅基地使用权等权利的土地。

因为地役权主要是对供役地的权利人增设负担，所以供役地权利人可以获得一定的补偿。双方根据地役权的期限、负担大小，可以在地役权合同中约定相应的报酬。

106. 地役权合同应当包含哪些内容？

《民法典》第373条规定，设立地役权，当事人应当采用书面形式订立地役权合同。

地役权合同一般包括下列条款：（1）当事人的姓名或者名称和住所；（2）供役地和需役地的位置；（3）利用目的和方法；（4）地役权期限；（5）费用及其支付方式；（6）解决争议的方法。

107. 常见的地役权有哪些？

（1）通行权，即地役权人享有在供役地上通行的权利。通行的方式可以是步行，亦可以为行车，或者两种均有。在设立通行权时，如有必要，应特别约定通行的方式，因为这涉及为通行所修筑道路的性质与范围，以及供役地权利人负容忍义务的程度。

（2）通过权，即地役权人将某些管线设施通过供役地的地表、上空或地下的权利。例如，管道通过权，架线通过权等。

（3）排水权，即将需役地的自然流水或生产、生活用水通过供役地排泄的权利。排水方式可以是自然流水，或是通过修建排水设施排水。如果通过排水设施排水，则可能会在供役地上修建沟渠或是地下管道，对供役地的负担较重。

（4）取水权，即地役权人在供役地上的水源取水的权利。在设立取水权时，应约定取水的时间和取水量等；如果供役地上的水源同时存在多个取水人，可约定取水的顺序。

（5）通风权，即地役权人要求供役地权利人在一定范围内不得修建建筑物或其他障碍物，以保证地役权人的土地或建筑物通风需要的权利。

（6）采光权，即地役权人要求供役地权利人在一定范围内不得修建建筑物或其他障碍物，以保证地役权人的土地或建筑物采光需要的权利。

（7）眺望权，即地役权人要求供役地权利人不得在一定范围内修建建筑物或其他障碍物，以保证需役地上的土地或建筑物的视野需要的权利。

108. 地役权必须登记才能生效吗？

《民法典》第 374 条规定，地役权自地役权合同生效时设立。当事人要求登记的，可以向登记机构申请地役权登记；未经登记，不得对抗善意第三人。

因此，如果地役权的取得是通过签订地役权合同，则当地役权合同满足一般合同的生效要件时，地役权即可设立，登记只是对抗要件，不是生效要件。当事人是否进行地役权登记，完全采取自愿的原则，法律并不因此否定地役权在当事人之间的法律效力，所以即使不登记，地役权依然存在。但是登记的地役权具有对抗第三人的效力。

109. 供役地权利人需履行什么义务?

《民法典》第 375 条规定，供役地权利人应当按照合同约定，允许地役权人利用其不动产，不得妨害地役权人行使权利。

地役权存在的目的是为需役地提供便利，是对供役地权利人行为的限制，所以供役地权利人在地役权的范围内，负有容忍和不作为的义务。同时，供役地人在不影响地役权行使的范围内有权使用地役权人修建的附属设施，并按其受益程度，分担维持设施的费用。

110. 什么是地役权的从属性?

地役权是一种财产权利，但与其他财产权不同的是，地役权不得与土地承包经营权、建设用地使用权等用益物权分离而单独存在。

地役权的从属性，是指地役权从属于需役地，地役权必须与需役地的所有权或使用权一并转移，不能将地役权从需役地上的权利中单独分离出来转让或者抵押，并且对需役地上的所有权、土地承包经营权、宅基地使用权等权利的处分及于地役权。

《民法典》第 378 条规定，土地所有权人享有地役权或者负担地役权的，设立土地承包经营权、宅基地使用权等用益物权时，该用益物权人继续享有或者负担已经设立的地役权。

《民法典》第 380 条规定，地役权不得单独转让。土地承包经营权、建设用地使用权等转让的，地役权一并转让，但是合同另有约定的除外。

《民法典》第 381 条规定，地役权不得单独抵押。土地经营权、建设用地使用权等抵押的，在实现抵押权时，地役权一并转让。

总之，地役权不能单独作为其他权利的标的，地役权只能随同需役地而成为其他权利的标的。

111. 如何理解地役权的不可分性?

地役权的不可分性，指地役权存在于需役地和供役地的全部，不能分割为各个部分或者仅仅以一部分存在。即使供役地或者需役地被分割，地役权在被实际分割后的需役地和供役地的各个部分上仍然存在。但是，如果因地役权设立的目的或地役权人的实际需要，只有分割后的部分地块与地役权的实现有关系，那么，地役权就只在其有关部分的地块上继续存在。

《民法典》第 382 条规定，需役地以及需役地上的土地承包经营权、建设用地使用权等部分转让时，转让部分涉及地役权的，受让人同时享有地役权。

《民法典》第 383 条规定，供役地以及供役地上的土地承包经营权、建设用地使用权等部分转让时，转让部分涉及地役权的，地役权对受让人具有法律约束力。

112. 供役地权利人在什么情况下可以解除地役权合同？

《民法典》第 384 条规定，地役权人有下列情形之一的，供役地权利人有权解除地役权合同，地役权消灭：（1）违反法律规定或者合同约定，滥用地役权；（2）有偿利用供役地，约定的付款期限届满后在合理期限内经两次催告未支付费用。

所谓“滥用地役权”，主要有以下表现形式：（1）不按土地用途使用土地，并且导致永久损害。如果供役地是耕地，导致耕地无法复耕或者虽能复耕，但是复耕支付的费用超过双方订立地役权合同时使土地升值的价值。（2）不按合同约定的目的和方式行使地役权，经警告仍然不改。（3）违反公共秩序，恶化善良风俗，影响他人生产和生活的。

第四分编　担保物权

第十六章　一般规定

113. 什么是担保物权？

担保物权，是指担保物权人在债务人不履行到期债务或者发生当事人约定的实现担保物权的情形时，依法享有就担保财产优先受偿的权利。

《民法典》第386条规定，担保物权人在债务人不履行到期债务或者发生当事人约定的实现担保物权的情形，依法享有就担保财产优先受偿的权利，但是法律另有规定的除外。

所谓“优先受偿”，是指在债务人到期不清偿债务或者出现当事人约定的实现担保物权的情形时，债权人可以对担保财产进行折价或者拍卖、变卖担保财产，以所得的价款优先实现自己的债权。担保物权的优先受偿性主要体现在两个方面：一是优先于其他不享有担保物权的普通债权；二是有可能优先于其他物权，如后顺位的担保物权。但需要注意的是，担保物权的优先受偿性并不是绝对的，如果法律有其他特别规定，担保物权的优先受偿效力会受到影响。例如,《海商法》第 21 条规定的船舶优先权就具有特殊性,可以优先于担保物权受偿。

114. 什么是反担保?

《民法典》第 387 条第 2 款规定,第三人为债务人向债权人提供担保的,可以要求债务人提供反担保。反担保适用本法和其他法律的规定。

反担保,是指第三人为债务人向债权人提供担保时,债务人应第三人的要求为第三人所提供的担保,其目的是保障第三人追偿权的实现。

反担保只是对象不同的一种担保,而不是与抵押、质押、留置和保证等并列的新的担保方式。反担保的方式只能从既有的担保方式中选择,既可以提供财产担保,也可以提供保证人;既可以是债务人自己担保,也可以是其他第三人担保。但是,债务人自身不能以保证的形式提供担保,而只能以物的形式提供担保。其他人则既可以提供人的保证,也可以提供物的担保。总之,反担保的实质内容与担保一样,适用关于担保的法律规定。

115. 主债权合同的效力对担保合同的效力有什么影响?

《民法典》第 388 条第 1 款规定,设立担保物权,应当依照本法和其他法律的规定订立担保合同。担保合同包括抵押合同、质押合同和其他具有担保功能的合同。担保合同是主债权债务合同的从合同。主债权债务合同无效的，担保合同无效，但是法律另有规定的除外。

从属性是担保的基本属性。担保合同是从合同，主债权合同是担保合同存在和发生的前提和依据。因此，主债权合同无效时，担保合同就失去了存在的基础，亦归于无效。此为一般原则。但是法律另有规定的不在此限。例如，由银行或者非银行金融机构开立的独立保函除外。独立保函纠纷案件依据《最高人民法院关于审理独立保函纠纷案件若干问题的规定》处理。

116. 担保物权的担保范围是什么？

《民法典》第 389 条规定，担保物权的担保范围包括主债权及其利息、违约金、损害赔偿金、保管担保财产和实现担保物权的费用。当事人另有约定的，按照其约定。

根据该条规定，担保物权的担保范围包括主债权及其利息、违约金、损害赔偿金、保管担保财产和实现担保物权的费用。但是，当事人享有约定担保范围的权利，如果在担保合同中约定了担保范围，则担保人只对约定的范围承担担保责任。债权人只能按照约定的范围行使优先受偿权，对超出约定的范围只享有一般债权，不得对此优先受偿。例如，当事人约定违约金不是担保的范围，那么违约金就只能按照一般的债权受偿而没有优先受偿的权利。只有在没有约定的情况下，才按照上述法律规定确定担保物权所担保的范围。

117. 担保物权实现前，担保物出现变故怎么办？

《民法典》第 390 条规定，担保期间，担保财产毁损、灭失或者被征收等，担保物权人可以就获得的保险金、赔偿金或者补偿金等优先受偿。被担保债权的履行期限未届满的，也可以提存该保险金、赔偿金或者补偿金等。

该条是对担保物权的物上代位性的规定。担保物权与用益物权不同，用益物权设立的基础是物的使用价值，而担保物权设立的基础是物的交换价值。通俗来说，就是物的货币价值。因此，如果担保财产毁损、灭失或者被征收等，由此获得的保险金、赔偿金或者补偿金都可以体现担保物的货币价值，相当于将担保物的价值转移到了新的物上。因此，这些因原担保物发生变故而获得保险金、赔偿金或者补偿金可以成为担保物的替代物，债权人对此继续享有优先受偿权。

为了避免这些财产被混同于担保人的其他财产中，影响将来担保物权的顺利实现，债权人还可以在履行期限届满之前，对这些保险金、赔偿金或者补偿金进行提存。

118. 物的担保和人的担保同时存在的，如何确定实现顺序？

《民法典》第 392 条规定，被担保的债权既有物的担保又有人的担保的，债务人不履行到期债务或者发生当事人约定的实现担保物权的情形，债权人应当按照约定实现债权；没有约定或者约定不明确，债务人自己提供物的担保的，债权人应当先就该物的担保实现债权；第三人提供物的担保的，债权人可以就物的担保实现债权，也可以请求保证人承担保证责任。提供担保的第三人承担担保责任后，有权向债务人追偿。

关于物的担保与人的担保的关系，本条区分了三种情况：（1）在当事人对物的担保和人的担保的关系有约定的情况下，应当尊重当事人的意思，按约定实现；（2）在没有约定或者约定不明确，债务人自己提供物的担保的情况下，债权人应当先就债务人提供的物实现担保物权；（3）在没有约定或者约定不明确，第三人提供物的担保，又有第三人提供人的担保的情况下，应当允许担保权人自行选择。

第十七章 抵押权

第一节 一般抵押权

119. 什么是抵押权?

《民法典》第 394 条规定，为担保债务的履行，债务人或者第三人不转移财产的占有，将该财产抵押给债权人的，债务人不履行到期债务或者发生当事人约定的实现抵押权的情形，债权人有权就该财产优先受偿。前款规定的债务人或者第三人为抵押人，债权人为抵押权人，提供担保的财产为抵押财产。

120. 哪些财产可以进行抵押?

根据《民法典》第 395 条的规定，债务人或者第三人有权处分的下列财产可以抵押：

（1）建筑物和其他土地附着物。建筑物包括住宅、商业写字楼、体育场馆等，其他土地附着物指附着于土地之上的除房屋外的不动产，包括桥梁、隧道、大坝、道路等构筑物，以及林木、庄稼等。

（2）建设用地使用权。建设用地使用权是权利主体依法对国家所有的土地享有的占有、使用和收益的权利。

（3）海域使用权。海域，是指中华人民共和国内水、领海的水面、水体、海床和底土。

（4）生产设备、原材料、半成品、产品。此处的半成品是指尚未全部生产完成的产品，比如尚未安上车轮的自行车、尚未成熟的农作物等。尚未装配完成的机床属于半成品而不是生产设备。

（5）正在建造的建筑物、船舶、航空器。

（6）交通运输工具。随着社会的发展，交通运输工具越发多样化，有各种机动车、火车、飞机、航空器等，未来或许还会出现其他新型交通运输工具。

（7）法律、行政法规未禁止抵押的其他财产。该条是兜底条款，是对以上不全面列举的补充，也为以后可能出现的新情况留出余地。

抵押人可以用以上所列财产中的一项抵押，也可以将前款所列财产一并抵押。

121. 抵押权什么时候设立?

抵押权设立的时间点根据抵押财产的不同属性而有所不同。如果是以不动产、土地使用权或是海域使用权抵押，通常需要经过登记才能设立，以登记为生效要件；如果是以动产抵押，则通常自抵押合同生效时设立，以登记为对抗要件。

《民法典》第402条规定，以本法第三百九十五条第一款第一项至第三项规定的财产或者第五项规定的正在建造的建筑物抵押的，应当办理抵押登记。抵押权自登记时设立。

《民法典》第403条规定，以动产抵押的，抵押权自抵押合同生效时设立；未经登记，不得对抗善意第三人。

《民法典》第404条规定，以动产抵押的，不得对抗正常经营活动中已经支付合理价款并取得抵押财产的买受人。

这里的“不得对抗善意第三人”，可以这样理解：（1）合同签订后，如果抵押人将抵押财产转让，对于在不知情的条件下按照正常市价取得该财产的第三人，抵押权人无权追偿，而只能要求抵押人重新提供新的抵押财产，或是要求债务人及时偿还债务。（2）抵押合同签订后，如果抵押人以该财产再次设定抵押，前位抵押权人未进行抵押登记，而后位抵押权人进行了抵押登记，此时后位抵押权人可以比前位未进行抵押登记的抵押权人就抵押财产拍卖、变卖所得的价款优先受偿。

122. 什么是浮动抵押?

浮动抵押，是指抵押权人与抵押人依据法律的规定，就现在和将来拥有的动产设定抵押权，在债务人不履行到期债务时，债权人就抵押人所有的确定的动产行使抵押权，进行处分变卖，就获得的价金优先受偿的权利。

《民法典》第396条规定，企业、个体工商户、农业生产经营者可以将现有的以及将有的生产设备、原材料、半成品、产品抵押，债务人不履行到期债务或者发生当事人约定的实现抵押权的情形，债权人有权就抵押财产确定时的动产优先受偿。

浮动抵押具有不同于固定抵押的两个特征：第一，浮动抵押设定后，抵押人可以处分抵押财产，所以抵押财产不断发生变化，直到约定或者法定的事由发生时，抵押财产才确定。第二，浮动抵押期间，抵押人处分抵押财产不必经抵押权人同意，也就是说，抵押人可以将抵押的原材料投入产品的生产，也可以出卖抵押的财产，抵押权人对抵押财产无追及的权利，只能就约定或者法定事由发生后确定的财产优先受偿。

法律之所以将浮动抵押的抵押人限定为企业、个体工商户、农业生产经营者，抵押物限定为生产设备、原材料、半成品和产品，是因为浮动抵押设立的目的是帮助这些主体获取资金进行生产经营，所以不限制其在浮动抵押确定前处分抵押财产，以免影响其正常经营。

根据《民法典》第 411 条的规定，设立浮动抵押的，抵押财产自下列情形之一发生时确定：（1）债务履行期限届满，债权未实现；（2）抵押人被宣告破产或者解散；（3）当事人约定的实现抵押权的情形；（4）严重影响债权实现的其他情形。

123. 对于建筑物抵押有何特殊规定?

《民法典》第 397 条规定，以建筑物抵押的，该建筑物占用范围内的建设用地使用权一并抵押。以建设用地使用权抵押的，该土地上的建筑物一并抵押。抵押人未依据前款规定一并抵押的，未抵押的财产视为一并抵押。

根据我国的土地管理政策和房屋管理政策，土地使用权和房屋产权的权利主体是以同一主体为原则，非同一主体为例外。因此，无论是以建筑物抵押，还是以建设用地使用权抵押，都会导致建设用地使用权和建筑物一并抵押。

建筑物和建设用地使用权的同时抵押，是指抵押人以其合法的房屋和该房屋占用的土地使用权结合为一个统一的房地产作为抵押物向抵押权人提供债务履行担保的行为。

如果抵押人仅以建设用地使用权设定抵押，并且在抵押权生效时，该地块上并无建筑物或其他附属设施，则抵押权的效力不能及于该地块上新增的建筑物或其他附属设施。《民法典》第 417 条规定，建设用地使用权抵押后，该土地上新增的建筑物不属于抵押财产。该建设用地使用权实现抵押权时，应当将该土地上新增的建筑物与建设用地使用权一并处分。但是，新增建筑物所得的价款，抵押权人无权优先受偿。

124. 哪些财产不能抵押?

根据《民法典》第 399 条的规定，下列财产不得抵押：

（1）土地所有权。此处既包括国有土地所有权，也包括集体土地所有权。

（2）宅基地、自留地、自留山等集体所有土地的使用权，但是法律规定可以抵押的除外。

（3）学校、幼儿园、医疗机构等为公益目的成立的非营利法人的教育设施、医疗卫生设施和其他公益设施。但是，这些非营利法人以教育设施、医疗卫生设施和其他公益设施以外的财产为自身债务设立抵押是可以的。

（4）所有权、使用权不明或者有争议的财产。

（5）依法被查封、扣押、监管的财产。依法被查封、扣押的财产，指人民法院或者行政机关采取强制措施将财产就地贴上封条或者运到另外的处所，不允许任何人占有、使用或者处分。依法被监管的财产，是指行政机关依照法律规定监督、管理的财产。

（6）法律、行政法规规定不得抵押的其他财产。

125. 可以约定债务不能偿还时抵押物归债权人所有吗?

《民法典》第401条规定，抵押权人在债务履行期限届满前，与抵押人约定债务人不履行到期债务时抵押财产归债权人所有的，只能依法就抵押财产优先受偿。

该条是关于禁止流押的规定。在债务履行期限届满前，即使抵押人同意，也不能约定若债务人不履行到期债务则将抵押财产直接归债权人所有。该规定是为了防止债务人因一时急需获得某种利益，不管抵押物的价值与债务是否相当而设定此种合同，最终使抵押人蒙受损失。若法律保护流押约定，则债务人到期不能清偿债务时，抵押权人可不经任何程序将抵押物据为己有，这对于抵押人来说是不公平的。因此，应认定抵押合同中关于流押的条款无效。但是，该条款无效不影响抵押合同其他条款的效力。

126. 债权到期未清偿的，债权人可以将抵押物折价还债吗？

禁止流押的约定只限定在债务履行期限届满前，债务履行期限届满，债务人不履行债务的，抵押权人可以与抵押人协议将抵押财产折价归抵押权人所有。

根据《民法典》第 410 条的规定，债务人不履行到期债务或者发生当事人约定的实现抵押权的情形，抵押权人可以与抵押人协议以抵押财产折价或者以拍卖、变卖该抵押财产所得的价款优先受偿。抵押财产折价或者变卖的，应当参照市场价格。

如果抵押权人与抵押人未就抵押权的实现方式达成协议，抵押权人可以请求人民法院拍卖、变卖抵押财产。

如果抵押权人与抵押人就抵押权的实现方式达成了协议，但是该协议损害其他债权人利益的，其他债权人也可以请求人民法院撤销该协议。

127. 抵押期间，抵押财产可以转让吗？

《民法典》第 406 条规定，抵押期间，抵押人可以转让抵押财产。当事人另有约定的，按照其约定。抵押财产转让的，抵押权不受影响。

抵押人转让抵押财产的，应当及时通知抵押权人。抵押权人能够证明抵押财产转让可能损害抵押权的，可以请求抵押人将转让所得的价款向抵押权人提前清偿债务或者提存。转让的价款超过债权数额的部分归抵押人所有，不足部分由债务人清偿。

本条规定改变了《物权法》第 191 条关于抵押物转让需经抵押权人同意的规定，有利于抵押物流通，从而使其更好地发挥担保功能，促进资金融通。如果抵押权人能够证明抵押财产转让可能损害抵押权的，也可以请求抵押人将转让所得的价款向抵押权人提前清偿债务或者提存，事实上也能够保证抵押权人的权利。

128. 抵押人减损抵押财产的，抵押权人可以采取哪些措施?

《民法典》第 408 条规定，抵押人的行为足以使抵押财产价值减少的，抵押权人有权请求抵押人停止其行为；抵押财产价值减少的，抵押权人有权请求恢复抵押财产的价值，或者提供与减少的价值相应的担保。抵押人不恢复抵押财产的价值，也不提供担保的，抵押权人有权请求债务人提前清偿债务。

129. 同一物上有多个抵押权的，如何确定清偿顺序?

根据《民法典》第 414 条的规定，同一财产向两个以上债权人抵押的，拍卖、变卖抵押财产所得的价款依照下列规定清偿：

（1）抵押权已经登记的，按照登记的时间先后确定清偿顺序。

（2）抵押权已经登记的先于未登记的受偿。

（3）抵押权未登记的，按照债权比例清偿。

其他可以登记的担保物权，清偿顺序参照适用前款规定。

对于不动产抵押权而言，如果当事人是同一天在不同的法定登记部门办理登记的，视为顺序相同。

130. 抵押权人可以放弃抵押权、抵押权顺位或是变更抵押权吗?

《民法典》第 409 条规定，抵押权人可以放弃抵押权或者抵押权的顺位。抵押权人与抵押人可以协议变更抵押权顺位以及被担保的债权数额等内容。但是，抵押权的变更未经其他抵押权人书面同意的，不得对其他抵押权人产生不利影响。债务人以自己的财产设定抵押，抵押权人放弃该抵押权、抵押权顺位或者变更抵押权的，其他担保人在抵押权人丧失优先受偿权益的范围内免除担保责任，但是其他担保人承诺仍然提供担保的除外。

所谓“抵押权顺位”，是指在同一抵押物上同时存在多个抵押权时，抵押权人优先受偿的先后顺序。抵押权的顺位就是抵押权人依据其顺序就抵押财产的交换价值所能获得清偿的金额，抵押权人依法可以自行处分，包括放弃。

抵押权顺位的变更，是指将同一抵押财产上的数个抵押权的清偿顺序互换。抵押权顺位变更后，各抵押权人只能在其变更后的顺序上行使优先受偿权。假设某抵押物上先后为甲、乙、丙三人设立了抵押权并均进行了抵押权登记，甲享有债权 2000 元，乙享有债权 5000 元，丙享有债权 8000 元，而抵押物预估价值只有 10000 元，如果丙与甲互换抵押权顺位，丙的债权升至第一顺位清偿，那么清偿完丙的债权后抵押物价值只剩 2000 元，此时乙将有 3000 元不能获得及时清偿，受到了不利影响。因此，如果抵押权顺位的变更对其他抵押权人产生不利影响时，必须经过他们的书面同意。

131. 抵押权的行使有期限限制吗?

《民法典》第 419 条规定，抵押权人应当在主债权诉讼时效期间行使抵押权；未行使的，人民法院不予保护。

抵押权的受保护期间与其担保的主债权的诉讼时效期间一致。过了主债权诉讼时效期间后，抵押权人丧失的是抵押权受人民法院保护的权利，即胜诉权，而抵押权本身并没有消灭，如果抵押人自愿履行担保义务的，抵押权人仍可以行使抵押权。

本条是强制性规定，当事人不能通过约定的方式排除，登记部门也不能另行要求登记抵押权的存续期间。

第二节　最高额抵押权

132. 最高额抵押权的含义是什么?

《民法典》第420条规定，为担保债务的履行，债务人或者第三人对一定期间内将要连续发生的债权提供担保财产的，债务人不履行到期债务或者发生当事人约定的实现抵押权的情形，抵押权人有权在最高债权额限度内就该担保财产优先受偿。最高额抵押权设立前已经存在的债权，经当事人同意，可以转入最高额抵押担保的债权范围。

根据该条规定，最高额抵押权是指债务人或第三人与抵押权人协议，在最高额限度内以抵押财产对一定期间内将要连续发生的债权提供抵押担保，当债务人不履行债务或发生当事人约定的实现抵押权的情形时，抵押权人有权在最高额限度内就该担保财产优先受偿的权利。

最高额抵押是为一定期间内将要连续发生的债权提供的担保。这个“一定期间”的开始日与终止日（即决算期日）可以由当事人自行约定。“将要连续发生的债权”表明在最高额抵押权所担保的债权被确定之前，该债权是不特定的，具有变动性；还表明其担保的债权都是将来的债权，是当事人对于尚未发生的事情的一种约定。但是，对于最高额抵押权设定之前已经存在的债权，只要经过当事人同意，也可以转入最高额抵押担保的债权范围。

最高额抵押权存在最高债权额度。无论将来实际发生的债权如何增减变动，抵押权人只能在最高债权额限度内对抵押财产享有优先受偿权。实际发生的债权超过最高债权额限度的，以抵押权设定时约定的最高债权额为限优先受偿；不及最高限额的，以实际发生的债权额为限优先受偿。

133. 最高额抵押权的债权在什么时候确定?

根据《民法典》第 423 条的规定，有下列情形之一的，抵押权人的债权确定：

（1）约定的债权确定期间届满。

（2）没有约定债权确定期间或者约定不明确，抵押权人或者抵押人自最高额抵押权设立之日起满二年后请求确定债权。

（3）新的债权不可能发生。

（4）抵押权人知道或者应当知道抵押财产被查封、扣押。

（5）债务人、抵押人被宣告破产或者解散。

（6）法律规定债权确定的其他情形。

第十八章　质权

第一节　动产质权

134. 什么是质权？

《民法典》第425条第1款规定，为担保债务的履行，债务人或者第三人将其动产出质给债权人占有的，债务人不履行到期债务或者发生当事人约定的实现质权的情形，债权人有权就该动产优先受偿。

该条文即有关质权的规定。所谓质权，是指债权人在债务人不清偿其债务时，可以就债务人或第三人移转占有而供担保的动产或权利卖得价金优先受偿的权利。质权以占有质押财产为要件，这是质权与抵押的主要区别。

在质权法律关系中，享有质权的债权人称为质权人；将财产移转给质权人占有而供作担保的债务人或第三人称为出质人；出质人移转给债权人占有以供债权担保的财产称为质押财产，也称质物或质押物。

可供设立质权的财产为动产。不动产不得出质，法律、行政法规禁止转让的动产也不得出质。

135. 可以约定流质条款吗？对合同效力有何影响？

流质条款，是指当事人在质权合同中约定的当债务履行期届满债权人未受清偿时质权人即可取得质押财产所有权的条款。因为流质条款严重损害出质人的利益，法律必须对其进行否定性评价。

《民法典》第428条规定，质权人在债务履行期限届满前，与出质人约定债务人不履行到期债务时质押财产归债权人所有的，只能依法就质押财产优先受偿。

根据该条规定，如果在签订质权合同时约定了流质条款，质权人只是对质押财产享有优先受偿权，并不能获得质押财产的所有权，即流质条款无效。

流质条款无效，并不代表整个质权合同无效。流质条款的效力不影响质权合同其他条款的效力，只是质权人不能依据合同的约定直接取得质押财产的所有权或者请求取得质押财产的所有权。

136. 流质与折价清偿有什么区别？

折价清偿，是指债务清偿期届满后，债务人没有如期履行债务，质权人与出质人约定由质权人以一定的价格取得质押财产的所有权。

流质与折价清偿主要有两个方面的区别：（1）流质是在签订

质权合同时约定的，发生在质权设立之初、债务清偿期届满之前；折价清偿是在债务清偿期届满之后，出现债务无法清偿的情况时，当事人之间协商约定的。（2）流质条款没有考虑到出质财产的实际价值，有对出质财产“趁火打劫”的可能，对出质人十分不公平，是法律明令禁止的；折价清偿属于以折价的方式行使质权，一般是根据出质财产的市场价值进行折价，对出质人更为公平，因此不受法律约束。

《民法典》第 436 条第 2 款规定，债务人不履行到期债务或者发生当事人约定的实现质权的情形，质权人可以与出质人协议以质押财产折价，也可以就拍卖、变卖质押财产所得的价款优先受偿。第 3 款规定，质押财产折价或者变卖的，应当参照市场价格。

137. 质押财产的价值减损怎么办?

在动产质权关系中，质物既然由质权人占有，质权人理应对出质人承担保管义务。保管质物是质权人的重要义务，与质权人占有质物的权利密切相关，是同质权人的占有权相对应的义务。该义务要求质权人尽到善良管理人的注意义务，以交易上具有相当知识经验的人对于一定事件应具有的注意义务为标准，客观地进行判定。例如，保管字画时应当注意防尘、防虫、防日晒等，保管贵重珠宝时应当注意防盗、防剐蹭、防氧化等。

因此，当质押财产的价值减损时，要区分价值减损的原因来处理。

（1）因质权人原因导致质押财产的价值减损的，质权人没有尽到善良管理人的注意义务，理当赔偿。《民法典》第 432 条规定，质权人负有妥善保管质押财产的义务；因保管不善致使质押财产毁损、灭失的，应当承担赔偿责任。质权人的行为可能使质押财产毁损、灭失的，出质人可以请求质权人将质押财产提存，或者请求提前清偿债务并返还质押财产。

（2）因质权人以外的原因导致质押财产价值减损的，质权人已经尽到了善良管理人的注意义务，此时法律不会追究其赔偿责任。《民法典》第 433 条规定，因不可归责于质权人的事由可能使质押财产毁损或者价值明显减少，足以危害质权人权利的，质权人有权请求出质人提供相应的担保；出质人不提供的，质权人可以拍卖、变卖质押财产，并与出质人协议将拍卖、变卖所得的价款提前清偿债务或者提存。

138. 什么是转质?

转质，是指质权人为了担保自己或者他人的债务，将质物向第三人再度设定新的质权。质物的转质可以分为两类：其一，责任转质，即质权人于质权存续期间，未经出质人同意以自己的责任在质物上为第三人设定质权；其二，承诺转质，即质权人在获得出质人的同意后，为了担保自己或者他人的债务而以质物向第三人设定质权。

承诺转质是经出质人同意的行为，质权人对因转质权人的过错而造成的损失承担责任，并不因转质而加重其法律责任。责任转质因未经出质人同意将质物转质，不仅要承担质物因转质权人的过失而灭失、毁损的责任，而且要承担转质期间发生的因不可抗力产生的质物的风险责任，其责任要重得多。

《民法典》第 434 条规定，质权人在质权存续期间，未经出质人同意转质，造成质押财产毁损、灭失的，应当承担赔偿责任。

139. 质权人怠于行使质权怎么办？

质物长时间由质权人保管，发生价值减损甚至毁损灭失的风险较大。但是，因为有质物提供担保，债权人积极催告债务人履行义务的主动性降低，而出质人更希望尽快实现质权。所以，《民法典》第 437 条第 1 款规定，出质人可以请求质权人在债务履行期限届满后及时行使质权；质权人不行使的，出质人可以请求人民法院拍卖、变卖质押财产。

如果经出质人请求，质权人依然不行使质权怎么办？此时质权人对质物的占有状态由有权占有转化成无权占有，无权占有期间所有可能存在的风险都由质权人承担。《民法典》第 437 条第 2 款规定，出质人请求质权人及时行使质权，因质权人怠于行使权利造成出质人损害的，由质权人承担赔偿责任。

此外，如果质物在此期间价值减少，导致现在的交换价值低于质权设立时的交换价值，从而出现无法实现债权的情况，出质人没有义务清偿债权剩余的部分。

第二节　权利质权

140. 什么是权利质权？其特点是什么？

权利质权，是指以出质人提供的财产权利为标的而设定的质权。

权利质权具有与动产质权相同的一些特征，都是以担保债务履行和债权实现为目的，性质都是价值权、担保权等，但由于标的物不同，权利质权与动产质权相比又具有一定的特殊性。权利质权的标的是出质人提供的作为债权担保的权利，但并不是所有的权利都可以作为权利质权的标的，其必须满足下列条件：

（1）必须是财产权。财产权，是指物权、债权、无体财产权等以财产为内容，可以以金钱估价的权利。因其具有经济价值，质权人可以从其价值中受偿。而人身权，无论是人格权如生命权、身体权、名誉权，还是身份权如亲属权、继承权等，由于不直接具有经济价值，都不得作为权利质权的标的。

（2）必须具有让与性。权利质权为价值权，在债务人不履行到期债务时，质权人得以出质权利的价值优先受偿，因此，其标的应有变价的可能，须具有让与性。不具有让与性的财产权，不能作为权利质权的标的。比如，一些与特定权利主体密不可分的财产权，如继承权、亲属间的扶养请求权、抚恤金领取请求权等都不得作为权利质权的标的。

（3）必须是适于设质的权利。虽为具有让与性的财产权，但不适于设定质权的权利，也不得作为权利质权的标的。关于何种权利适于设质，何种权利不适于设质，各个国家和地区的规定不同。例如，抵押权、质权和留置权等担保物权，由于不能与其所担保的主债权分离，因此就不能成为权利质权的标的。

141. 可以出质的权利有哪些？

根据《民法典》第 440 条的规定，债务人或者第三人有权处分的下列权利可以出质：

（1）汇票、本票、支票。

（2）债券、存款单。

（3）仓单、提单。

（4）可以转让的基金份额、股权。

（5）可以转让的注册商标专用权、专利权、著作权等知识产权中的财产权。

（6）现有的以及将有的应收账款。

（7）法律、行政法规规定可以出质的其他财产权利。

142. 权利质权自什么时候起设立？

根据《民法典》第 441 条、第 443 条、第 444 条、第 445 条的规定，各项权利质权的设立时间有所区别。

（1）以汇票、本票、支票、债券、存款单、仓单、提单出质的，质权自权利凭证交付质权人时设立；没有权利凭证的，质权自办理出质登记时设立。法律另有规定的，依照其规定。

（2）以基金份额、股权出质的，质权自办理出质登记时设立。

（3）以注册商标专用权、专利权、著作权等知识产权中的财产权出质的，质权自办理出质登记时设立。

（4）以应收账款出质的，质权自办理出质登记时设立。

143. 权利质权出质后，还可以转让或是许可他人使用吗？

权利质权出质后，以不得转让或许可他人使用为原则，出质人与质权人协商同意的除外，但转让或许可使用所得的价款需要用来提前清偿债务或者办理提存。

《民法典》第 443 条第 2 款规定，基金份额、股权出质后，不得转让，但是出质人与质权人协商同意的除外。出质人转让基金份额、股权所得的价款，应当向质权人提前清偿债务或者提存。

《民法典》第 444 条第 2 款规定，知识产权中的财产权出质后，出质人不得转让或者许可他人使用，但是出质人与质权人协商同意的除外。出质人转让或者许可他人使用出质的知识产权中的财产权所得的价款，应当向质权人提前清偿债务或者提存。

《民法典》第 445 条第 2 款规定，应收账款出质后，不得转让，但是出质人与质权人协商同意的除外。出质人转让应收账款所得的价款，应当向质权人提前清偿债务或者提存。

第十九章 留置权

144. 什么是留置权？

所谓留置权，是指债权人合法占有债务人的动产，债务人不清偿债务时，债权人有权留置该财产，以该财产折价或者以拍卖、变卖该财产的价款优先受偿。

《民法典》第 447 条规定，债务人不履行到期债务，债权人可以留置已经合法占有的债务人的动产，并有权就该动产优先受偿。前款规定的债权人为留置权人，占有的动产为留置财产。

145. 留置权的成立需要满足什么条件？

留置权的成立需满足以下条件：

（1）债权人合法占有属于其债务人的特定物。留置权的标的物只能是动产，且必须由债权人占有动产。这种占有可以是直接占有，也可以是间接占有，但单纯的持有不能成立留置权。债权人必须基于合法原因而占有债务人的动产，如基于承揽、运输、保管合同的约定而取得动产的占有。

（2）债权发生与留置财产属于同一法律关系。

（3）债权已届清偿期。债权人对已经合法占有的动产，并不能当然成立留置权，留置权的成立还须以债权已届清偿期而债务人未全部履行为要件。

（4）留置标的物不违反法律或者公序良俗。留置物品行为本身，固然不得违反法律，但同时也不得违反公序良俗。例如，不能留置债务人及其家属在生活上或者工作上必不可少的物品，像衣物、自行车乃至身份证、工作证等。

146. 哪些财产可以留置？

《民法典》第448条规定，债权人留置的动产，应当与债权属于同一法律关系，但是企业之间留置的除外。

所谓“同一法律关系”，是指动产的占有和债权的发生之间有关联，动产的占有与债权的发生均基于同一法律关系。同一法律关系不以合同关系为限，合同关系以外的其他法律关系，诸如因不当得利、无因管理、侵权行为而发生的债权关系，若与动产的占有之间存在关联，亦属于存在同一法律关系。

由于在商业实践中，企业之间相互交易频繁，追求交易效率，讲究商业信用，如果严格要求留置财产必须与债权的发生具有同一法律关系，有悖交易迅捷和交易安全的原则。因此，企业之间留置的财产，可以不与债权属于同一法律关系。

《民法典》第449条规定，法律规定或者当事人约定不得留置的动产，不得留置。

147. 如何实现留置权?

留置权的实现是指留置权人对留置财产进行处分，以优先受偿其债权的行为。

《民法典》第 453 条规定，留置权人与债务人应当约定留置财产后的债务履行期限；没有约定或者约定不明确的，留置权人应当给债务人六十日以上履行债务的期限，但是鲜活易腐等不易保管的动产除外。债务人逾期未履行的，留置权人可以与债务人协议以留置财产折价，也可以就拍卖、变卖留置财产所得的价款优先受偿。留置财产折价或者变卖的，应当参照市场价格。

根据该条规定，留置权人实现留置权需要具备一定的条件：

（1）留置权人要给予债务人以履行债务的宽限期。该宽限期可以由当事人进行约定，没有约定或者约定不明确的，除鲜活易腐等不易保管的动产外，应当给予债务人 60 天以上的债务履行期限。

（2）债务人于宽限期内仍不履行义务。债务人在宽限期内履行了义务，留置权归于消灭，留置权人当然不能再实现留置权。如果债务人在宽限期内仍不履行义务，留置权人便可以按法律规定的方法实现留置权。

实现留置权的方法有三种，即折价、拍卖和变卖。留置权人可以与债务人协商采取哪种方法实现留置权，一般情况下，双方当事人可以先协议将留置财产折价以实现其债权，如果无法达成协议，留置权人就可以依法拍卖或者变卖留置财产，并以拍卖或者变卖所得的价款优先受偿其债权。

148. 抵押权、质权、留置权同时存在的，实现顺序如何确定？

《民法典》第 456 条规定，同一动产上已经设立抵押权或者质权，该动产又被留置的，留置权人优先受偿。

本条是关于留置权与抵押权或者质权关系的规定。适用本条时应注意以下几点：

（1）在同一动产上，无论留置权是设立于抵押权或者质权之前，还是设立于抵押权或者质权之后，留置权的效力都优先于抵押权或者质权。也就是说，留置权对抵押权或者质权的优先效力不受其设立时间的影响。

（2）留置权对抵押权或者质权的优先效力不受留置权人在留置动产时对抵押权或者质权的存在是否知情的影响。即使留置权人事先知道留置财产上已经设立了抵押权或者质权，也不影响其留置权的设立。

（3）本法未规定留置权和优先权的效力关系。一般情况，在同一物上既存在优先权又存在留置权的情况下，优先权先于留置权实现。

第五分编　占有

第二十章　占有

149. 占有的含义是什么?

占有，是指占有人对于物的事实上的控制和支配。对物进行控制和支配的人，为占有人，是占有法律关系的主体；被控制和被支配的物，为占有物，是占有法律关系的客体。

以占有是否具有法律上的原因为标准，可以将其分为有权占有和无权占有，如所有权人、土地承包经营权人、承租人等均根据所有权、土地承包经营权、租赁权而占有标的物，属于有权占有；拾得人对遗失物的占有，盗贼对盗赃物的占有等均属于无权占有。

以无权占有人是否误信其占有为有权占有和无权占有为标准，可分为善意占有和恶意占有。善意占有，是指占有人不知或不应当知道其无占有的权利而进行的占有。恶意占有，是指占有人明知或应当知道无占有的权利而进行的占有。

占有系以物为客体。对于不因物的占有而成立的财产权，如邻地利用权和专利权等，不得成立占有，而仅可成立准占有。

150. 占有过程中，有关不动产或者动产的使用、收益、违约责任等如何确定？

对这一问题的回答，因有权占有和无权占有的区别而存在差别。

对于因合同等债的关系而产生的占有，《民法典》第 458 条规定，基于合同关系等产生的占有，有关不动产或者动产的使用、收益、违约责任等，按照合同约定；合同没有约定或者约定不明确的，依照有关法律规定。

关于无权占有情形下，有关不动产或者动产的使用、收益及损害赔偿责任等，《民法典》第 459 条规定，占有人因使用占有的不动产或者动产，致使该不动产或者动产受到损害的，恶意占有人应当承担赔偿责任。此处的“致使该不动产或者动产受到损害”，指的是不动产或者动产因正常使用而发生的正常损耗和折旧。

151. 占有物毁损、灭失的，占有人应承担什么责任？

占有物毁损、灭失的，占有人的责任也因其善意占有或恶意占有而有所区别。

（1）善意占有的情况。虽然善意占有人于占有物上所行使的权利被推定为合法享有，其有权使用被占有物。但如果造成占有物毁损、灭失的，占有人应当对物的真正权利人承担赔偿责任。

但在确定善意占有人的责任时，应当依照不当得利的返还原则，即只有善意占有人因物的毁损、灭失而受有利益时，才对物的权利人承担赔偿责任；如果未受有利益，则不必赔偿。

（2）恶意占有的情况。恶意占有人通常系由侵权行为取得占有，因此在确定恶意占有人的责任时，应参考侵权损害赔偿的原则，损失多少赔多少，除去占有物的价值外，还包括物的权利人所失去的利益。此外，占有物的价值，以物的实际价值为准，恶意占有人取得占有时的价值与物的权利人请求返还时的价值不同的，以较高价值为准。这里的恶意占有，依占有人取得占有时的具体情况而进行判断。占有人在取得占有时为善意，而后得知自己为无权占有的，自其知道之时起，变为恶意占有人。

《民法典》第 461 条规定，占有的不动产或者动产毁损、灭失，该不动产或者动产的权利人请求赔偿的，占有人应当将因毁损、灭失取得的保险金、赔偿金或者补偿金等返还给权利人；权利人的损害未得到足够弥补的，恶意占有人还应当赔偿损失。

152. 占有权被侵害的，占有人如何保护自己的权利？

《民法典》第 462 条规定，占有的不动产或者动产被侵占的，占有人有权请求返还原物；对妨害占有的行为，占有人有权请求排除妨害或者消除危险；因侵占或者妨害造成损害的，占有人有权依法请求损害赔偿。占有人返还原物的请求权，自侵占发生之日起一年内未行使的，该请求权消灭。

该条是对占有保护请求权的规定。占有保护请求权以排除对占有的侵害为目的，因而属于一种物权的请求权，根据占有受侵害的不同情形，分别发生占有物返还请求权、排除妨害请求权、消除危险请求权和损害赔偿请求权。

（1）占有物返还请求权。占有物返还请求权发生于占有物被侵夺的情形。此种侵夺占有而构成的侵占，是指非基于占有人的意思，采取违法的行为使其丧失对物的控制与支配。非因他人的侵夺而丧失占有的，如因受欺诈或者胁迫而交付的，不享有占有物返还请求权。侵占人的行为必须是造成占有人丧失占有的直接原因，否则不发生依据本条规定而产生的占有物返还请求权。

（2）排除妨害请求权。占有被他人妨害时，占有人可以请求妨害人除去妨害。排除妨害请求权的相对人，为妨害占有的人。数人相继为妨害的，以现为妨害的人为请求权的相对人；在继续妨害中，占有人可请求相对人停止妨害；在一次妨害中，占有人可请求相对人除去妨害。排除妨害的费用应由妨害人负担。占有人自行除去妨害的，其费用可依无因管理的规定向相对人请求偿还。

（3）消除危险请求权。消除危险请求权中的危险，应为具体的事实的危险，对于一般抽象的危险，法律不加以保护。具体的事实的危险，是指其所用的方法能使外界感知对占有的妨害，如在与邻居共用的围墙上架设高压线、挨着邻居的住宅挖掘地下室等。这里需要说明的两点是：首先，危险消除请求权中的危险，必须持续存在，请求权行使之时危险已经消失的，不得请求防止；其次，必须有客观的产生危险的事实，被请求人有无故意或者过失，法律在所不问。

（4）损害赔偿请求权。占有虽非一种权利，但也属法律所保护的一种财产利益，不受他人非法的任意侵害。侵害占有的，应负侵权的损害赔偿责任。侵害占有可能发生的损害主要有：①使用收益的损害，即占有人不能对占有物进行使用和收益而生的损害；②支出费用的损害，即占有人对占有物支出费用，本可向物的权利人请求偿还，却因该物被侵夺而毁损灭失不能求偿；③责任损害，即占有人因占有物被第三人侵夺而发生毁损灭失后，从而产生对物的权利人的损害赔偿责任。

附录

中华人民共和国民法典（节录）

（2020 年 5 月 28 日第十三届全国人民代表大会第三次会议通过）

……

第二编　物　　权

第一分编　通　　则

第一章　一般规定

第二百零五条　【物权编的调整范围】[1]本编调整因物的归属和利用产生的民事关系。

第二百零六条　【我国基本经济制度与社会主义市场经济原则】国家坚持和完善公有制为主体、多种所有制经济共同发展，按劳分配为主体、多种分配方式并存，社会主义市场经济体制等社会主义基本经济制度。

国家巩固和发展公有制经济，鼓励、支持和引导非公有制经济的发展。

国家实行社会主义市场经济，保障一切市场主体的平等法律地位和发展权利。

① 条文主旨为编者所加，下同。

第二百零七条 【平等保护原则】国家、集体、私人的物权和其他权利人的物权受法律平等保护，任何组织或者个人不得侵犯。

第二百零八条 【物权公示原则】不动产物权的设立、变更、转让和消灭，应当依照法律规定登记。动产物权的设立和转让，应当依照法律规定交付。

第二章 物权的设立、变更、转让和消灭

第一节 不动产登记

第二百零九条 【不动产物权的登记生效原则及其例外】不动产物权的设立、变更、转让和消灭，经依法登记，发生效力；未经登记，不发生效力，但是法律另有规定的除外。

依法属于国家所有的自然资源，所有权可以不登记。

第二百一十条 【不动产登记机构和不动产统一登记】不动产登记，由不动产所在地的登记机构办理。

国家对不动产实行统一登记制度。统一登记的范围、登记机构和登记办法，由法律、行政法规规定。

第二百一十一条 【申请不动产登记应提供的必要材料】当事人申请登记，应当根据不同登记事项提供权属证明和不动产界址、面积等必要材料。

第二百一十二条 【不动产登记机构应当履行的职责】登记机构应当履行下列职责：

（一）查验申请人提供的权属证明和其他必要材料；

（二）就有关登记事项询问申请人；

（三）如实、及时登记有关事项；

（四）法律、行政法规规定的其他职责。

申请登记的不动产的有关情况需要进一步证明的，登记机构可以要求申请人补充材料，必要时可以实地查看。

第二百一十三条　【不动产登记机构的禁止行为】登记机构不得有下列行为：

（一）要求对不动产进行评估；

（二）以年检等名义进行重复登记；

（三）超出登记职责范围的其他行为。

第二百一十四条　【不动产物权变动的生效时间】不动产物权的设立、变更、转让和消灭，依照法律规定应当登记的，自记载于不动产登记簿时发生效力。

第二百一十五条　【合同效力和物权效力区分】当事人之间订立有关设立、变更、转让和消灭不动产物权的合同，除法律另有规定或者当事人另有约定外，自合同成立时生效；未办理物权登记的，不影响合同效力。

第二百一十六条　【不动产登记簿效力及管理机构】不动产登记簿是物权归属和内容的根据。

不动产登记簿由登记机构管理。

第二百一十七条　【不动产登记簿与不动产权属证书的关系】不动产权属证书是权利人享有该不动产物权的证明。不动产权属证书记载的事项，应当与不动产登记簿一致；记载不一致的，除有证据证明不动产登记簿确有错误外，以不动产登记簿为准。

第二百一十八条 【不动产登记资料的查询、复制】权利人、利害关系人可以申请查询、复制不动产登记资料，登记机构应当提供。

第二百一十九条 【利害关系人的非法利用不动产登记资料禁止义务】利害关系人不得公开、非法使用权利人的不动产登记资料。

第二百二十条 【更正登记和异议登记】权利人、利害关系人认为不动产登记簿记载的事项错误的，可以申请更正登记。不动产登记簿记载的权利人书面同意更正或者有证据证明登记确有错误的，登记机构应当予以更正。

不动产登记簿记载的权利人不同意更正的，利害关系人可以申请异议登记。登记机构予以异议登记，申请人自异议登记之日起十五日内不提起诉讼的，异议登记失效。异议登记不当，造成权利人损害的，权利人可以向申请人请求损害赔偿。

第二百二十一条 【预告登记】当事人签订买卖房屋的协议或者签订其他不动产物权的协议，为保障将来实现物权，按照约定可以向登记机构申请预告登记。预告登记后，未经预告登记的权利人同意，处分该不动产的，不发生物权效力。

预告登记后，债权消灭或者自能够进行不动产登记之日起九十日内未申请登记的，预告登记失效。

第二百二十二条 【不动产登记错误损害赔偿责任】当事人提供虚假材料申请登记，造成他人损害的，应当承担赔偿责任。

因登记错误，造成他人损害的，登记机构应当承担赔偿责任。

登记机构赔偿后，可以向造成登记错误的人追偿。

第二百二十三条 【不动产登记收费标准的确定】不动产登记费按件收取，不得按照不动产的面积、体积或者价款的比例收取。

第二节 动产交付

第二百二十四条 【动产物权变动生效时间】动产物权的设立和转让，自交付时发生效力，但是法律另有规定的除外。

第二百二十五条 【船舶、航空器和机动车物权变动采取登记对抗主义】船舶、航空器和机动车等的物权的设立、变更、转让和消灭，未经登记，不得对抗善意第三人。

第二百二十六条 【简易交付】动产物权设立和转让前，权利人已经占有该动产的，物权自民事法律行为生效时发生效力。

第二百二十七条 【指示交付】动产物权设立和转让前，第三人占有该动产的，负有交付义务的人可以通过转让请求第三人返还原物的权利代替交付。

第二百二十八条 【占有改定】动产物权转让时，当事人又约定由出让人继续占有该动产的，物权自该约定生效时发生效力。

第三节 其他规定

第二百二十九条 【法律文书、征收决定导致物权变动效力发生时间】因人民法院、仲裁机构的法律文书或者人民政府的征收决定等，导致物权设立、变更、转让或者消灭的，自法律文书或者征收决定等生效时发生效力。

第二百三十条 【因继承取得物权的生效时间】因继承取得物权的，自继承开始时发生效力。

第二百三十一条 【因事实行为设立或者消灭物权的生效时间】因合法建造、拆除房屋等事实行为设立或者消灭物权的，自事实行为成就时发生效力。

第二百三十二条 【非依民事法律行为享有的不动产物权变动】处分依照本节规定享有的不动产物权，依照法律规定需要办理登记的，未经登记，不发生物权效力。

第三章　物权的保护

第二百三十三条 【物权保护争讼程序】物权受到侵害的，权利人可以通过和解、调解、仲裁、诉讼等途径解决。

第二百三十四条 【物权确认请求权】因物权的归属、内容发生争议的，利害关系人可以请求确认权利。

第二百三十五条 【返还原物请求权】无权占有不动产或者动产的，权利人可以请求返还原物。

第二百三十六条 【排除妨害、消除危险请求权】妨害物权或者可能妨害物权的，权利人可以请求排除妨害或者消除危险。

第二百三十七条 【修理、重作、更换或者恢复原状请求权】造成不动产或者动产毁损的，权利人可以依法请求修理、重作、更换或者恢复原状。

第二百三十八条 【物权损害赔偿请求权】侵害物权，造成权利人损害的，权利人可以依法请求损害赔偿，也可以依法请求承担其他民事责任。

第二百三十九条 【物权保护方式的单用和并用】本章规定的物权保护方式，可以单独适用，也可以根据权利被侵害的情形合并适用。

第二分编 所 有 权

第四章 一 般 规 定

第二百四十条 【所有权的定义】所有权人对自己的不动产或者动产，依法享有占有、使用、收益和处分的权利。

第二百四十一条 【所有权人设立他物权】所有权人有权在自己的不动产或者动产上设立用益物权和担保物权。用益物权人、担保物权人行使权利，不得损害所有权人的权益。

第二百四十二条 【国家专有】法律规定专属于国家所有的不动产和动产，任何组织或者个人不能取得所有权。

第二百四十三条 【征收】为了公共利益的需要，依照法律规定的权限和程序可以征收集体所有的土地和组织、个人的房屋以及其他不动产。

征收集体所有的土地，应当依法及时足额支付土地补偿费、安置补助费以及农村村民住宅、其他地上附着物和青苗等的补偿费用，并安排被征地农民的社会保障费用，保障被征地农民的生活，维护被征地农民的合法权益。

征收组织、个人的房屋以及其他不动产，应当依法给予征收补偿，维护被征收人的合法权益；征收个人住宅的，还应当保障被征收人的居住条件。

任何组织或者个人不得贪污、挪用、私分、截留、拖欠征收补偿费等费用。

第二百四十四条 【保护耕地与禁止违法征地】国家对耕地实行特殊保护，严格限制农用地转为建设用地，控制建设用地总量。不得违反法律规定的权限和程序征收集体所有的土地。

第二百四十五条 【征用】因抢险救灾、疫情防控等紧急需要，依照法律规定的权限和程序可以征用组织、个人的不动产或者动产。被征用的不动产或者动产使用后，应当返还被征用人。组织、个人的不动产或者动产被征用或者征用后毁损、灭失的，应当给予补偿。

第五章 国家所有权和集体所有权、私人所有权

第二百四十六条 【国家所有权】法律规定属于国家所有的财产，属于国家所有即全民所有。

国有财产由国务院代表国家行使所有权。法律另有规定的，依照其规定。

第二百四十七条 【矿藏、水流和海域的国家所有权】矿藏、水流、海域属于国家所有。

第二百四十八条 【无居民海岛的国家所有权】无居民海岛属于国家所有，国务院代表国家行使无居民海岛所有权。

第二百四十九条 【国家所有土地的范围】城市的土地，属于

国家所有。法律规定属于国家所有的农村和城市郊区的土地，属于国家所有。

第二百五十条 【国家所有的自然资源】森林、山岭、草原、荒地、滩涂等自然资源，属于国家所有，但是法律规定属于集体所有的除外。

第二百五十一条 【国家所有的野生动植物资源】法律规定属于国家所有的野生动植物资源，属于国家所有。

第二百五十二条 【无线电频谱资源的国家所有权】无线电频谱资源属于国家所有。

第二百五十三条 【国家所有的文物的范围】法律规定属于国家所有的文物，属于国家所有。

第二百五十四条 【国防资产、基础设施的国家所有权】国防资产属于国家所有。

铁路、公路、电力设施、电信设施和油气管道等基础设施，依照法律规定为国家所有的，属于国家所有。

第二百五十五条 【国家机关的物权】国家机关对其直接支配的不动产和动产，享有占有、使用以及依照法律和国务院的有关规定处分的权利。

第二百五十六条 【国家举办的事业单位的物权】国家举办的事业单位对其直接支配的不动产和动产，享有占有、使用以及依照法律和国务院的有关规定收益、处分的权利。

第二百五十七条 【国有企业出资人制度】国家出资的企业，由国务院、地方人民政府依照法律、行政法规规定分别代表国家履行出资人职责，享有出资人权益。

第二百五十八条 【国有财产的保护】国家所有的财产受法律保护，禁止任何组织或者个人侵占、哄抢、私分、截留、破坏。

第二百五十九条 【国有财产管理法律责任】履行国有财产管理、监督职责的机构及其工作人员，应当依法加强对国有财产的管理、监督，促进国有财产保值增值，防止国有财产损失；滥用职权，玩忽职守，造成国有财产损失的，应当依法承担法律责任。

违反国有财产管理规定，在企业改制、合并分立、关联交易等过程中，低价转让、合谋私分、擅自担保或者以其他方式造成国有财产损失的，应当依法承担法律责任。

第二百六十条 【集体财产范围】集体所有的不动产和动产包括：

（一）法律规定属于集体所有的土地和森林、山岭、草原、荒地、滩涂；

（二）集体所有的建筑物、生产设施、农田水利设施；

（三）集体所有的教育、科学、文化、卫生、体育等设施；

（四）集体所有的其他不动产和动产。

第二百六十一条 【农民集体所有财产归属及重大事项集体决定】农民集体所有的不动产和动产，属于本集体成员集体所有。

下列事项应当依照法定程序经本集体成员决定：

（一）土地承包方案以及将土地发包给本集体以外的组织或者个人承包；

（二）个别土地承包经营权人之间承包地的调整；

（三）土地补偿费等费用的使用、分配办法；

（四）集体出资的企业的所有权变动等事项；

（五）法律规定的其他事项。

第二百六十二条 【行使集体所有权的主体】对于集体所有的土地和森林、山岭、草原、荒地、滩涂等，依照下列规定行使所有权：

（一）属于村农民集体所有的，由村集体经济组织或者村民委员会依法代表集体行使所有权；

（二）分别属于村内两个以上农民集体所有的，由村内各该集体经济组织或者村民小组依法代表集体行使所有权；

（三）属于乡镇农民集体所有的，由乡镇集体经济组织代表集体行使所有权。

第二百六十三条 【城镇集体财产权利】城镇集体所有的不动产和动产，依照法律、行政法规的规定由本集体享有占有、使用、收益和处分的权利。

第二百六十四条 【集体财产状况的公布】农村集体经济组织或者村民委员会、村民小组应当依照法律、行政法规以及章程、村规民约向本集体成员公布集体财产的状况。集体成员有权查阅、复制相关资料。

第二百六十五条 【集体财产的保护】集体所有的财产受法律保护，禁止任何组织或者个人侵占、哄抢、私分、破坏。

农村集体经济组织、村民委员会或者其负责人作出的决定侵害集体成员合法权益的，受侵害的集体成员可以请求人民法院予以撤销。

第二百六十六条 【私人所有权】私人对其合法的收入、房屋、生活用品、生产工具、原材料等不动产和动产享有所有权。

第二百六十七条 【私有财产的保护】私人的合法财产受法律保护，禁止任何组织或者个人侵占、哄抢、破坏。

第二百六十八条 【企业出资人的权利】国家、集体和私人依法可以出资设立有限责任公司、股份有限公司或者其他企业。国家、集体和私人所有的不动产或者动产投到企业的，由出资人按照约定或者出资比例享有资产收益、重大决策以及选择经营管理者等权利并履行义务。

第二百六十九条 【法人财产权】营利法人对其不动产和动产依照法律、行政法规以及章程享有占有、使用、收益和处分的权利。

营利法人以外的法人，对其不动产和动产的权利，适用有关法律、行政法规以及章程的规定。

第二百七十条 【社会团体法人、捐助法人合法财产的保护】社会团体法人、捐助法人依法所有的不动产和动产，受法律保护。

第六章　业主的建筑物区分所有权

第二百七十一条 【建筑物区分所有权】业主对建筑物内的住宅、经营性用房等专有部分享有所有权，对专有部分以外的共有部分享有共有和共同管理的权利。

第二百七十二条 【业主对专有部分的专有权】业主对其建筑

物专有部分享有占有、使用、收益和处分的权利。业主行使权利不得危及建筑物的安全，不得损害其他业主的合法权益。

第二百七十三条 【业主对共有部分的共有权及义务】业主对建筑物专有部分以外的共有部分，享有权利，承担义务；不得以放弃权利为由不履行义务。

业主转让建筑物内的住宅、经营性用房，其对共有部分享有的共有和共同管理的权利一并转让。

第二百七十四条 【建筑区划内的道路、绿地等场所和设施属于业主共有财产】建筑区划内的道路，属于业主共有，但是属于城镇公共道路的除外。建筑区划内的绿地，属于业主共有，但是属于城镇公共绿地或者明示属于个人的除外。建筑区划内的其他公共场所、公用设施和物业服务用房，属于业主共有。

第二百七十五条 【车位、车库的归属规则】建筑区划内，规划用于停放汽车的车位、车库的归属，由当事人通过出售、附赠或者出租等方式约定。

占用业主共有的道路或者其他场地用于停放汽车的车位，属于业主共有。

第二百七十六条 【车位、车库优先满足业主需求】建筑区划内，规划用于停放汽车的车位、车库应当首先满足业主的需要。

第二百七十七条 【设立业主大会和选举业主委员会】业主可以设立业主大会，选举业主委员会。业主大会、业主委员会成立的具体条件和程序，依照法律、法规的规定。

地方人民政府有关部门、居民委员会应当对设立业主大会和选举业主委员会给予指导和协助。

第二百七十八条 【由业主共同决定的事项以及表决规则】下列事项由业主共同决定：

（一）制定和修改业主大会议事规则；

（二）制定和修改管理规约；

（三）选举业主委员会或者更换业主委员会成员；

（四）选聘和解聘物业服务企业或者其他管理人；

（五）使用建筑物及其附属设施的维修资金；

（六）筹集建筑物及其附属设施的维修资金；

（七）改建、重建建筑物及其附属设施；

（八）改变共有部分的用途或者利用共有部分从事经营活动；

（九）有关共有和共同管理权利的其他重大事项。

业主共同决定事项，应当由专有部分面积占比三分之二以上的业主且人数占比三分之二以上的业主参与表决。决定前款第六项至第八项规定的事项，应当经参与表决专有部分面积四分之三以上的业主且参与表决人数四分之三以上的业主同意。决定前款其他事项，应当经参与表决专有部分面积过半数的业主且参与表决人数过半数的业主同意。

第二百七十九条 【业主将住宅转变为经营性用房应当遵循的规则】业主不得违反法律、法规以及管理规约，将住宅改变为经营性用房。业主将住宅改变为经营性用房的，除遵守法律、法规以及管理规约外，应当经有利害关系的业主一致同意。

第二百八十条 【业主大会、业主委员会决定的效力】业主大会或者业主委员会的决定，对业主具有法律约束力。

业主大会或者业主委员会作出的决定侵害业主合法权益的，受侵害的业主可以请求人民法院予以撤销。

第二百八十一条 【建筑物及其附属设施维修资金的归属和处分】建筑物及其附属设施的维修资金，属于业主共有。经业主共同决定，可以用于电梯、屋顶、外墙、无障碍设施等共有部分的维修、更新和改造。建筑物及其附属设施的维修资金的筹集、使用情况应当定期公布。

紧急情况下需要维修建筑物及其附属设施的，业主大会或者业主委员会可以依法申请使用建筑物及其附属设施的维修资金。

第二百八十二条 【业主共有部分产生收入的归属】建设单位、物业服务企业或者其他管理人等利用业主的共有部分产生的收入，在扣除合理成本之后，属于业主共有。

第二百八十三条 【建筑物及其附属设施的费用分摊和收益分配确定规则】建筑物及其附属设施的费用分摊、收益分配等事项，有约定的，按照约定；没有约定或者约定不明确的，按照业主专有部分面积所占比例确定。

第二百八十四条 【建筑物及其附属设施的管理】业主可以自行管理建筑物及其附属设施，也可以委托物业服务企业或者其他管理人管理。

对建设单位聘请的物业服务企业或者其他管理人，业主有权依法更换。

第二百八十五条 【物业服务企业或其他接受业主委托的管理

人的管理义务】物业服务企业或者其他管理人根据业主的委托，依照本法第三编有关物业服务合同的规定管理建筑区划内的建筑物及其附属设施，接受业主的监督，并及时答复业主对物业服务情况提出的询问。

物业服务企业或者其他管理人应当执行政府依法实施的应急处置措施和其他管理措施，积极配合开展相关工作。

第二百八十六条 【业主守法义务和业主大会与业主委员会职责】业主应当遵守法律、法规以及管理规约，相关行为应当符合节约资源、保护生态环境的要求。对于物业服务企业或者其他管理人执行政府依法实施的应急处置措施和其他管理措施，业主应当依法予以配合。

业主大会或者业主委员会，对任意弃置垃圾、排放污染物或者噪声、违反规定饲养动物、违章搭建、侵占通道、拒付物业费等损害他人合法权益的行为，有权依照法律、法规以及管理规约，请求行为人停止侵害、排除妨碍、消除危险、恢复原状、赔偿损失。

业主或者其他行为人拒不履行相关义务的，有关当事人可以向有关行政主管部门报告或者投诉，有关行政主管部门应当依法处理。

第二百八十七条 【业主请求权】业主对建设单位、物业服务企业或者其他管理人以及其他业主侵害自己合法权益的行为，有权请求其承担民事责任。

第七章 相邻关系

第二百八十八条 【处理相邻关系的原则】不动产的相邻权利

人应当按照有利生产、方便生活、团结互助、公平合理的原则，正确处理相邻关系。

第二百八十九条 【处理相邻关系的依据】法律、法规对处理相邻关系有规定的，依照其规定；法律、法规没有规定的，可以按照当地习惯。

第二百九十条 【相邻用水、排水、流水关系】不动产权利人应当为相邻权利人用水、排水提供必要的便利。

对自然流水的利用，应当在不动产的相邻权利人之间合理分配。对自然流水的排放，应当尊重自然流向。

第二百九十一条 【相邻关系中的通行权】不动产权利人对相邻权利人因通行等必须利用其土地的，应当提供必要的便利。

第二百九十二条 【相邻土地的利用】不动产权利人因建造、修缮建筑物以及铺设电线、电缆、水管、暖气和燃气管线等必须利用相邻土地、建筑物的，该土地、建筑物的权利人应当提供必要的便利。

第二百九十三条 【相邻建筑物通风、采光、日照】建造建筑物，不得违反国家有关工程建设标准，不得妨碍相邻建筑物的通风、采光和日照。

第二百九十四条 【相邻不动产之间不得排放、施放污染物】不动产权利人不得违反国家规定弃置固体废物，排放大气污染物、水污染物、土壤污染物、噪声、光辐射、电磁辐射等有害物质。

第二百九十五条 【维护相邻不动产安全】不动产权利人挖掘土地、建造建筑物、铺设管线以及安装设备等，不得危及相邻不动产的安全。

第二百九十六条 【相邻权的限度】不动产权利人因用水、排水、通行、铺设管线等利用相邻不动产的，应当尽量避免对相邻的不动产权利人造成损害。

第八章　共　　有

第二百九十七条 【共有及其形式】不动产或者动产可以由两个以上组织、个人共有。共有包括按份共有和共同共有。

第二百九十八条 【按份共有】按份共有人对共有的不动产或者动产按照其份额享有所有权。

第二百九十九条 【共同共有】共同共有人对共有的不动产或者动产共同享有所有权。

第三百条 【共有物的管理】共有人按照约定管理共有的不动产或者动产；没有约定或者约定不明确的，各共有人都有管理的权利和义务。

第三百零一条 【共有人对共有财产重大事项的表决权规则】处分共有的不动产或者动产以及对共有的不动产或者动产作重大修缮、变更性质或者用途的，应当经占份额三分之二以上的按份共有人或者全体共同共有人同意，但是共有人之间另有约定的除外。

第三百零二条 【共有物管理费用的分担规则】共有人对共有物的管理费用以及其他负担，有约定的，按照其约定；没有约定或者约定不明确的，按份共有人按照其份额负担，共同共有人共同负担。

第三百零三条 【共有物的分割规则】共有人约定不得分割共有的不动产或者动产，以维持共有关系的，应当按照约定，但是共有人有重大理由需要分割的，可以请求分割；没有约定或者约定不明确的，按份共有人可以随时请求分割，共同共有人在共有的基础丧失或者有重大理由需要分割时可以请求分割。因分割造成其他共有人损害的，应当给予赔偿。

第三百零四条 【共有物分割的方式】共有人可以协商确定分割方式。达不成协议，共有的不动产或者动产可以分割且不会因分割减损价值的，应当对实物予以分割；难以分割或者因分割会减损价值的，应当对折价或者拍卖、变卖取得的价款予以分割。

共有人分割所得的不动产或者动产有瑕疵的，其他共有人应当分担损失。

第三百零五条 【按份共有人的优先购买权】按份共有人可以转让其享有的共有的不动产或者动产份额。其他共有人在同等条件下享有优先购买的权利。

第三百零六条 【按份共有人行使优先购买权的规则】按份共有人转让其享有的共有的不动产或者动产份额的，应当将转让条件及时通知其他共有人。其他共有人应当在合理期限内行使优先购买权。

两个以上其他共有人主张行使优先购买权的，协商确定各自的购买比例；协商不成的，按照转让时各自的共有份额比例行使优先购买权。

第三百零七条 【因共有产生的债权债务承担规则】因共有的不动产或者动产产生的债权债务，在对外关系上，共有人享有连带债权、承担连带债务，但是法律另有规定或者第三人知道共有人不具有连带债权债务关系的除外；在共有人内部关系上，除共有人另有约定外，按份共有人按照份额享有债权、承担债务，共同共有人共同享有债权、承担债务。偿还债务超过自己应当承担份额的按份共有人，有权向其他共有人追偿。

第三百零八条 【共有关系不明时对共有关系性质的推定】共有人对共有的不动产或者动产没有约定为按份共有或者共同共有，或者约定不明确的，除共有人具有家庭关系等外，视为按份共有。

第三百零九条 【按份共有人份额不明时份额的确定】按份共有人对共有的不动产或者动产享有的份额，没有约定或者约定不明确的，按照出资额确定；不能确定出资额的，视为等额享有。

第三百一十条 【准共有】两个以上组织、个人共同享有用益物权、担保物权的，参照适用本章的有关规定。

第九章　所有权取得的特别规定

第三百一十一条 【善意取得】无处分权人将不动产或者动产转让给受让人的，所有权人有权追回；除法律另有规定外，符合下列情形的，受让人取得该不动产或者动产的所有权：

（一）受让人受让该不动产或者动产时是善意；

（二）以合理的价格转让；

（三）转让的不动产或者动产依照法律规定应当登记的已经登

记，不需要登记的已经交付给受让人。

受让人依据前款规定取得不动产或者动产的所有权的，原所有权人有权向无处分权人请求损害赔偿。

当事人善意取得其他物权的，参照适用前两款规定。

第三百一十二条 【遗失物的善意取得】所有权人或者其他权利人有权追回遗失物。该遗失物通过转让被他人占有的，权利人有权向无处分权人请求损害赔偿，或者自知道或者应当知道受让人之日起二年内向受让人请求返还原物；但是，受让人通过拍卖或者向具有经营资格的经营者购得该遗失物的，权利人请求返还原物时应当支付受让人所付的费用。权利人向受让人支付所付费用后，有权向无处分权人追偿。

第三百一十三条 【善意取得的动产上原有的权利负担消灭及其例外】善意受让人取得动产后，该动产上的原有权利消灭。但是，善意受让人在受让时知道或者应当知道该权利的除外。

第三百一十四条 【拾得遗失物的返还】拾得遗失物，应当返还权利人。拾得人应当及时通知权利人领取，或者送交公安等有关部门。

第三百一十五条 【有关部门收到遗失物的处理】有关部门收到遗失物，知道权利人的，应当及时通知其领取；不知道的，应当及时发布招领公告。

第三百一十六条 【遗失物的妥善保管义务】拾得人在遗失物送交有关部门前，有关部门在遗失物被领取前，应当妥善保管遗失物。因故意或者重大过失致使遗失物毁损、灭失的，应当承担民事责任。

第三百一十七条 【权利人领取遗失物时的费用支付义务】权利人领取遗失物时，应当向拾得人或者有关部门支付保管遗失物等支出的必要费用。

权利人悬赏寻找遗失物的，领取遗失物时应当按照承诺履行义务。

拾得人侵占遗失物的，无权请求保管遗失物等支出的费用，也无权请求权利人按照承诺履行义务。

第三百一十八条 【无人认领的遗失物的处理规则】遗失物自发布招领公告之日起一年内无人认领的，归国家所有。

第三百一十九条 【拾得漂流物、埋藏物或者隐藏物】拾得漂流物、发现埋藏物或者隐藏物的，参照适用拾得遗失物的有关规定。法律另有规定的，依照其规定。

第三百二十条 【从物随主物转让规则】主物转让的，从物随主物转让，但是当事人另有约定的除外。

第三百二十一条 【孳息的归属】天然孳息，由所有权人取得；既有所有权人又有用益物权人的，由用益物权人取得。当事人另有约定的，按照其约定。

法定孳息，当事人有约定的，按照约定取得；没有约定或者约定不明确的，按照交易习惯取得。

第三百二十二条 【添附】因加工、附合、混合而产生的物的归属，有约定的，按照约定；没有约定或者约定不明确的，依照法律规定；法律没有规定的，按照充分发挥物的效用以及保护无过错当事人的原则确定。因一方当事人的过错或者确定物的归属造成另一方当事人损害的，应当给予赔偿或者补偿。

第三分编　用益物权

第十章　一般规定

第三百二十三条　【用益物权的定义】用益物权人对他人所有的不动产或者动产，依法享有占有、使用和收益的权利。

第三百二十四条　【国家和集体所有的自然资源的使用规则】国家所有或者国家所有由集体使用以及法律规定属于集体所有的自然资源，组织、个人依法可以占有、使用和收益。

第三百二十五条　【自然资源有偿使用制度】国家实行自然资源有偿使用制度，但是法律另有规定的除外。

第三百二十六条　【用益物权的行使规范】用益物权人行使权利，应当遵守法律有关保护和合理开发利用资源、保护生态环境的规定。所有权人不得干涉用益物权人行使权利。

第三百二十七条　【被征收、征用时用益物权人的补偿请求权】因不动产或者动产被征收、征用致使用益物权消灭或者影响用益物权行使的，用益物权人有权依据本法第二百四十三条、第二百四十五条的规定获得相应补偿。

第三百二十八条　【海域使用权】依法取得的海域使用权受法律保护。

第三百二十九条　【特许物权依法保护】依法取得的探矿权、

采矿权、取水权和使用水域、滩涂从事养殖、捕捞的权利受法律保护。

第十一章　土地承包经营权

第三百三十条　【农村土地承包经营】农村集体经济组织实行家庭承包经营为基础、统分结合的双层经营体制。

农民集体所有和国家所有由农民集体使用的耕地、林地、草地以及其他用于农业的土地，依法实行土地承包经营制度。

第三百三十一条　【土地承包经营权内容】土地承包经营权人依法对其承包经营的耕地、林地、草地等享有占有、使用和收益的权利，有权从事种植业、林业、畜牧业等农业生产。

第三百三十二条　【土地的承包期限】耕地的承包期为三十年。草地的承包期为三十年至五十年。林地的承包期为三十年至七十年。

前款规定的承包期限届满，由土地承包经营权人依照农村土地承包的法律规定继续承包。

第三百三十三条　【土地承包经营权的设立与登记】土地承包经营权自土地承包经营权合同生效时设立。

登记机构应当向土地承包经营权人发放土地承包经营权证、林权证等证书，并登记造册，确认土地承包经营权。

第三百三十四条　【土地承包经营权的互换、转让】土地承包经营权人依照法律规定，有权将土地承包经营权互换、转让。未经依法批准，不得将承包地用于非农建设。

第三百三十五条 【土地承包经营权流转的登记对抗主义】土地承包经营权互换、转让的，当事人可以向登记机构申请登记；未经登记，不得对抗善意第三人。

第三百三十六条 【承包地的调整】承包期内发包人不得调整承包地。

因自然灾害严重毁损承包地等特殊情形，需要适当调整承包的耕地和草地的，应当依照农村土地承包的法律规定办理。

第三百三十七条 【承包地的收回】承包期内发包人不得收回承包地。法律另有规定的，依照其规定。

第三百三十八条 【征收承包地的补偿规则】承包地被征收的，土地承包经营权人有权依据本法第二百四十三条的规定获得相应补偿。

第三百三十九条 【土地经营权的流转】土地承包经营权人可以自主决定依法采取出租、入股或者其他方式向他人流转土地经营权。

第三百四十条 【土地经营权人的基本权利】土地经营权人有权在合同约定的期限内占有农村土地，自主开展农业生产经营并取得收益。

第三百四十一条 【土地经营权的设立与登记】流转期限为五年以上的土地经营权，自流转合同生效时设立。当事人可以向登记机构申请土地经营权登记；未经登记，不得对抗善意第三人。

第三百四十二条 【以其他方式承包取得的土地经营权流转】通过招标、拍卖、公开协商等方式承包农村土地，经依法登记取得权属证书的，可以依法采取出租、入股、抵押或者其他方式流转土地经营权。

第三百四十三条 【国有农用地承包经营的法律适用】国家所有的农用地实行承包经营的，参照适用本编的有关规定。

第十二章　建设用地使用权

第三百四十四条 【建设用地使用权的概念】建设用地使用权人依法对国家所有的土地享有占有、使用和收益的权利，有权利用该土地建造建筑物、构筑物及其附属设施。

第三百四十五条 【建设用地使用权的分层设立】建设用地使用权可以在土地的地表、地上或者地下分别设立。

第三百四十六条 【建设用地使用权的设立原则】设立建设用地使用权，应当符合节约资源、保护生态环境的要求，遵守法律、行政法规关于土地用途的规定，不得损害已经设立的用益物权。

第三百四十七条 【建设用地使用权的出让方式】设立建设用地使用权，可以采取出让或者划拨等方式。

工业、商业、旅游、娱乐和商品住宅等经营性用地以及同一土地有两个以上意向用地者的，应当采取招标、拍卖等公开竞价的方式出让。

严格限制以划拨方式设立建设用地使用权。

第三百四十八条 【建设用地使用权出让合同】通过招标、拍卖、协议等出让方式设立建设用地使用权的，当事人应当采用书面形式订立建设用地使用权出让合同。

建设用地使用权出让合同一般包括下列条款：

（一）当事人的名称和住所；

（二）土地界址、面积等；

（三）建筑物、构筑物及其附属设施占用的空间；

（四）土地用途、规划条件；

（五）建设用地使用权期限；

（六）出让金等费用及其支付方式；

（七）解决争议的方法。

第三百四十九条 【建设用地使用权的登记】设立建设用地使用权的，应当向登记机构申请建设用地使用权登记。建设用地使用权自登记时设立。登记机构应当向建设用地使用权人发放权属证书。

第三百五十条 【土地用途限定规则】建设用地使用权人应当合理利用土地，不得改变土地用途；需要改变土地用途的，应当依法经有关行政主管部门批准。

第三百五十一条 【建设用地使用权人支付出让金等费用的义务】建设用地使用权人应当依照法律规定以及合同约定支付出让金等费用。

第三百五十二条 【建设用地使用权人建造的建筑物、构筑物及其附属设施的归属】建设用地使用权人建造的建筑物、构筑物及其附属设施的所有权属于建设用地使用权人，但是有相反证据证明的除外。

第三百五十三条 【建设用地使用权的流转方式】建设用地使

用权人有权将建设用地使用权转让、互换、出资、赠与或者抵押，但是法律另有规定的除外。

第三百五十四条 【建设用地使用权流转的合同形式和期限】 建设用地使用权转让、互换、出资、赠与或者抵押的，当事人应当采用书面形式订立相应的合同。使用期限由当事人约定，但是不得超过建设用地使用权的剩余期限。

第三百五十五条 【建设用地使用权流转登记】 建设用地使用权转让、互换、出资或者赠与的，应当向登记机构申请变更登记。

第三百五十六条 【建设用地使用权流转之房随地走】 建设用地使用权转让、互换、出资或者赠与的，附着于该土地上的建筑物、构筑物及其附属设施一并处分。

第三百五十七条 【建设用地使用权流转之地随房走】 建筑物、构筑物及其附属设施转让、互换、出资或者赠与的，该建筑物、构筑物及其附属设施占用范围内的建设用地使用权一并处分。

第三百五十八条 【建设用地使用权的提前收回及其补偿】 建设用地使用权期限届满前，因公共利益需要提前收回该土地的，应当依据本法第二百四十三条的规定对该土地上的房屋以及其他不动产给予补偿，并退还相应的出让金。

第三百五十九条 【建设用地使用权期限届满的处理规则】 住宅建设用地使用权期限届满的，自动续期。续期费用的缴纳或者减免，依照法律、行政法规的规定办理。

非住宅建设用地使用权期限届满后的续期，依照法律规定办理。该土地上的房屋以及其他不动产的归属，有约定的，按照约定；没有约定或者约定不明确的，依照法律、行政法规的规定办理。

第三百六十条 【建设用地使用权注销登记】建设用地使用权消灭的，出让人应当及时办理注销登记。登记机构应当收回权属证书。

第三百六十一条 【集体土地作为建设用地的法律适用】集体所有的土地作为建设用地的，应当依照土地管理的法律规定办理。

第十三章 宅基地使用权

第三百六十二条 【宅基地使用权内容】宅基地使用权人依法对集体所有的土地享有占有和使用的权利，有权依法利用该土地建造住宅及其附属设施。

第三百六十三条 【宅基地使用权的法律适用】宅基地使用权的取得、行使和转让，适用土地管理的法律和国家有关规定。

第三百六十四条 【宅基地灭失后的重新分配】宅基地因自然灾害等原因灭失的，宅基地使用权消灭。对失去宅基地的村民，应当依法重新分配宅基地。

第三百六十五条 【宅基地使用权的变更登记与注销登记】已经登记的宅基地使用权转让或者消灭的，应当及时办理变更登记或者注销登记。

第十四章 居 住 权

第三百六十六条 【居住权的定义】居住权人有权按照合同约

定，对他人的住宅享有占有、使用的用益物权，以满足生活居住的需要。

第三百六十七条 【居住权合同】设立居住权，当事人应当采用书面形式订立居住权合同。

居住权合同一般包括下列条款：

（一）当事人的姓名或者名称和住所；

（二）住宅的位置；

（三）居住的条件和要求；

（四）居住权期限；

（五）解决争议的方法。

第三百六十八条 【居住权的设立】居住权无偿设立，但是当事人另有约定的除外。设立居住权的，应当向登记机构申请居住权登记。居住权自登记时设立。

第三百六十九条 【居住权的限制性规定及例外】居住权不得转让、继承。设立居住权的住宅不得出租，但是当事人另有约定的除外。

第三百七十条 【居住权的消灭】居住权期限届满或者居住权人死亡的，居住权消灭。居住权消灭的，应当及时办理注销登记。

第三百七十一条 【以遗嘱设立居住权的法律适用】以遗嘱方式设立居住权的，参照适用本章的有关规定。

第十五章　地　役　权

第三百七十二条 【地役权的定义】地役权人有权按照合同约

定，利用他人的不动产，以提高自己的不动产的效益。

前款所称他人的不动产为供役地，自己的不动产为需役地。

第三百七十三条 【地役权合同】设立地役权，当事人应当采用书面形式订立地役权合同。

地役权合同一般包括下列条款：

(一) 当事人的姓名或者名称和住所；

(二) 供役地和需役地的位置；

(三) 利用目的和方法；

(四) 地役权期限；

(五) 费用及其支付方式；

(六) 解决争议的方法。

第三百七十四条 【地役权的设立与登记】地役权自地役权合同生效时设立。当事人要求登记的，可以向登记机构申请地役权登记；未经登记，不得对抗善意第三人。

第三百七十五条 【供役地权利人的义务】供役地权利人应当按照合同约定，允许地役权人利用其不动产，不得妨害地役权人行使权利。

第三百七十六条 【地役权人的义务】地役权人应当按照合同约定的利用目的和方法利用供役地，尽量减少对供役地权利人物权的限制。

第三百七十七条 【地役权的期限】地役权期限由当事人约定；但是，不得超过土地承包经营权、建设用地使用权等用益物权的剩余期限。

第三百七十八条 【在享有或者负担地役权的土地上设立用益物权的规则】土地所有权人享有地役权或者负担地役权的，设立土地承包经营权、宅基地使用权等用益物权时，该用益物权人继续享有或者负担已经设立的地役权。

第三百七十九条 【土地所有权人在已设立用益物权的土地上设立地役权的规则】土地上已经设立土地承包经营权、建设用地使用权、宅基地使用权等用益物权的，未经用益物权人同意，土地所有权人不得设立地役权。

第三百八十条 【地役权的转让规则】地役权不得单独转让。土地承包经营权、建设用地使用权等转让的，地役权一并转让，但是合同另有约定的除外。

第三百八十一条 【地役权不得单独抵押】地役权不得单独抵押。土地经营权、建设用地使用权等抵押的，在实现抵押权时，地役权一并转让。

第三百八十二条 【需役地部分转让效果】需役地以及需役地上的土地承包经营权、建设用地使用权等部分转让时，转让部分涉及地役权的，受让人同时享有地役权。

第三百八十三条 【供役地部分转让效果】供役地以及供役地上的土地承包经营权、建设用地使用权等部分转让时，转让部分涉及地役权的，地役权对受让人具有法律约束力。

第三百八十四条 【供役地权利人解除权】地役权人有下列情形之一的，供役地权利人有权解除地役权合同，地役权消灭：

（一）违反法律规定或者合同约定，滥用地役权；

（二）有偿利用供役地，约定的付款期限届满后在合理期限内经两次催告未支付费用。

第三百八十五条 【地役权变动后的登记】已经登记的地役权变更、转让或者消灭的，应当及时办理变更登记或者注销登记。

第四分编 担保物权

第十六章 一般规定

第三百八十六条 【担保物权的定义】担保物权人在债务人不履行到期债务或者发生当事人约定的实现担保物权的情形，依法享有就担保财产优先受偿的权利，但是法律另有规定的除外。

第三百八十七条 【担保物权适用范围及反担保】债权人在借贷、买卖等民事活动中，为保障实现其债权，需要担保的，可以依照本法和其他法律的规定设立担保物权。

第三人为债务人向债权人提供担保的，可以要求债务人提供反担保。反担保适用本法和其他法律的规定。

第三百八十八条 【担保合同及其与主合同的关系】设立担保物权，应当依照本法和其他法律的规定订立担保合同。担保合同包括抵押合同、质押合同和其他具有担保功能的合同。担保合同是主债权债务合同的从合同。主债权债务合同无效的，担保合同无效，但是法律另有规定的除外。

担保合同被确认无效后，债务人、担保人、债权人有过错的，应当根据其过错各自承担相应的民事责任。

第三百八十九条 【担保范围】担保物权的担保范围包括主债权及其利息、违约金、损害赔偿金、保管担保财产和实现担保物权的费用。当事人另有约定的，按照其约定。

第三百九十条 【担保物权的物上代位性】担保期间，担保财产毁损、灭失或者被征收等，担保物权人可以就获得的保险金、赔偿金或者补偿金等优先受偿。被担保债权的履行期限未届满的，也可以提存该保险金、赔偿金或者补偿金等。

第三百九十一条 【债务转让对担保物权的效力】第三人提供担保，未经其书面同意，债权人允许债务人转移全部或者部分债务的，担保人不再承担相应的担保责任。

第三百九十二条 【人保和物保并存时的处理规则】被担保的债权既有物的担保又有人的担保的，债务人不履行到期债务或者发生当事人约定的实现担保物权的情形，债权人应当按照约定实现债权；没有约定或者约定不明确，债务人自己提供物的担保的，债权人应当先就该物的担保实现债权；第三人提供物的担保的，债权人可以就物的担保实现债权，也可以请求保证人承担保证责任。提供担保的第三人承担担保责任后，有权向债务人追偿。

第三百九十三条 【担保物权消灭的情形】有下列情形之一的，担保物权消灭：

（一）主债权消灭；

（二）担保物权实现；

（三）债权人放弃担保物权；

（四）法律规定担保物权消灭的其他情形。

第十七章 抵 押 权

第一节 一般抵押权

第三百九十四条 【抵押权的定义】为担保债务的履行，债务人或者第三人不转移财产的占有，将该财产抵押给债权人的，债务人不履行到期债务或者发生当事人约定的实现抵押权的情形，债权人有权就该财产优先受偿。

前款规定的债务人或者第三人为抵押人，债权人为抵押权人，提供担保的财产为抵押财产。

第三百九十五条 【可抵押财产的范围】债务人或者第三人有权处分的下列财产可以抵押：

(一)建筑物和其他土地附着物；

(二)建设用地使用权；

(三)海域使用权；

(四)生产设备、原材料、半成品、产品；

(五)正在建造的建筑物、船舶、航空器；

(六)交通运输工具；

(七)法律、行政法规未禁止抵押的其他财产。

抵押人可以将前款所列财产一并抵押。

第三百九十六条 【浮动抵押】企业、个体工商户、农业生产经营者可以将现有的以及将有的生产设备、原材料、半成品、产品抵押，债务人不履行到期债务或者发生当事人约定的实现抵押权的情形，债权人有权就抵押财产确定时的动产优先受偿。

第三百九十七条 【建筑物和相应的建设用地使用权一并抵押规则】以建筑物抵押的，该建筑物占用范围内的建设用地使用权一并抵押。以建设用地使用权抵押的，该土地上的建筑物一并抵押。

抵押人未依据前款规定一并抵押的，未抵押的财产视为一并抵押。

第三百九十八条 【乡镇、村企业的建设用地使用权与房屋一并抵押规则】乡镇、村企业的建设用地使用权不得单独抵押。以乡镇、村企业的厂房等建筑物抵押的，其占用范围内的建设用地使用权一并抵押。

第三百九十九条 【禁止抵押的财产范围】下列财产不得抵押：

（一）土地所有权；

（二）宅基地、自留地、自留山等集体所有土地的使用权，但是法律规定可以抵押的除外；

（三）学校、幼儿园、医疗机构等为公益目的成立的非营利法人的教育设施、医疗卫生设施和其他公益设施；

（四）所有权、使用权不明或者有争议的财产；

（五）依法被查封、扣押、监管的财产；

（六）法律、行政法规规定不得抵押的其他财产。

第四百条 【抵押合同】设立抵押权，当事人应当采用书面形式订立抵押合同。

抵押合同一般包括下列条款：

（一）被担保债权的种类和数额；

（二）债务人履行债务的期限；

（三）抵押财产的名称、数量等情况；

（四）担保的范围。

第四百零一条 【流押条款的效力】抵押权人在债务履行期限届满前，与抵押人约定债务人不履行到期债务时抵押财产归债权人所有的，只能依法就抵押财产优先受偿。

第四百零二条 【不动产抵押登记】以本法第三百九十五条第一款第一项至第三项规定的财产或者第五项规定的正在建造的建筑物抵押的，应当办理抵押登记。抵押权自登记时设立。

第四百零三条 【动产抵押的效力】以动产抵押的，抵押权自抵押合同生效时设立；未经登记，不得对抗善意第三人。

第四百零四条 【动产抵押权对抗效力的限制】以动产抵押的，不得对抗正常经营活动中已经支付合理价款并取得抵押财产的买受人。

第四百零五条 【抵押权和租赁权的关系】抵押权设立前，抵押财产已经出租并转移占有的，原租赁关系不受该抵押权的影响。

第四百零六条 【抵押期间抵押财产转让应当遵循的规则】抵押期间，抵押人可以转让抵押财产。当事人另有约定的，按照其约定。抵押财产转让的，抵押权不受影响。

抵押人转让抵押财产的，应当及时通知抵押权人。抵押权人能够证明抵押财产转让可能损害抵押权的，可以请求抵押人将转让所得的价款向抵押权人提前清偿债务或者提存。转让的价款超过债权数额的部分归抵押人所有，不足部分由债务人清偿。

第四百零七条 【抵押权的从属性】抵押权不得与债权分离而单独转让或者作为其他债权的担保。债权转让的，担保该债权的抵押权一并转让，但是法律另有规定或者当事人另有约定的除外。

第四百零八条 【抵押财产价值减少时抵押权人的保护措施】抵押人的行为足以使抵押财产价值减少的，抵押权人有权请求抵押人停止其行为；抵押财产价值减少的，抵押权人有权请求恢复抵押财产的价值，或者提供与减少的价值相应的担保。抵押人不恢复抵押财产的价值，也不提供担保的，抵押权人有权请求债务人提前清偿债务。

第四百零九条 【抵押权人放弃抵押权或抵押权顺位的法律后果】抵押权人可以放弃抵押权或者抵押权的顺位。抵押权人与抵押人可以协议变更抵押权顺位以及被担保的债权数额等内容。但是，抵押权的变更未经其他抵押权人书面同意的，不得对其他抵押权人产生不利影响。

债务人以自己的财产设定抵押，抵押权人放弃该抵押权、抵押权顺位或者变更抵押权的，其他担保人在抵押权人丧失优先受偿权益的范围内免除担保责任，但是其他担保人承诺仍然提供担保的除外。

第四百一十条 【抵押权实现的方式和程序】债务人不履行到期债务或者发生当事人约定的实现抵押权的情形，抵押权人可以与抵押人协议以抵押财产折价或者以拍卖、变卖该抵押财产所得的价款优先受偿。协议损害其他债权人利益的，其他债权人可以请求人民法院撤销该协议。

抵押权人与抵押人未就抵押权实现方式达成协议的，抵押权人可以请求人民法院拍卖、变卖抵押财产。

抵押财产折价或者变卖的，应当参照市场价格。

第四百一十一条 【浮动抵押财产的确定】依据本法第三百九十六条规定设定抵押的，抵押财产自下列情形之一发生时确定：

（一）债务履行期限届满，债权未实现；

（二）抵押人被宣告破产或者解散；

（三）当事人约定的实现抵押权的情形；

（四）严重影响债权实现的其他情形。

第四百一十二条 【抵押财产孳息归属】债务人不履行到期债务或者发生当事人约定的实现抵押权的情形，致使抵押财产被人民法院依法扣押的，自扣押之日起，抵押权人有权收取该抵押财产的天然孳息或者法定孳息，但是抵押权人未通知应当清偿法定孳息义务人的除外。

前款规定的孳息应当先充抵收取孳息的费用。

第四百一十三条 【抵押财产变价款的归属原则】抵押财产折价或者拍卖、变卖后，其价款超过债权数额的部分归抵押人所有，不足部分由债务人清偿。

第四百一十四条 【同一财产上多个抵押权的效力顺序】同一财产向两个以上债权人抵押的，拍卖、变卖抵押财产所得的价款依照下列规定清偿：

（一）抵押权已经登记的，按照登记的时间先后确定清偿顺序；

（二）抵押权已经登记的先于未登记的受偿；

（三）抵押权未登记的，按照债权比例清偿。

其他可以登记的担保物权，清偿顺序参照适用前款规定。

第四百一十五条　【既有抵押权又有质权的财产的清偿顺序】同一财产既设立抵押权又设立质权的，拍卖、变卖该财产所得的价款按照登记、交付的时间先后确定清偿顺序。

第四百一十六条　【买卖价款抵押权】动产抵押担保的主债权是抵押物的价款，标的物交付后十日内办理抵押登记的，该抵押权人优先于抵押物买受人的其他担保物权人受偿，但是留置权人除外。

第四百一十七条　【抵押权对新增建筑物的效力】建设用地使用权抵押后，该土地上新增的建筑物不属于抵押财产。该建设用地使用权实现抵押权时，应当将该土地上新增的建筑物与建设用地使用权一并处分。但是，新增建筑物所得的价款，抵押权人无权优先受偿。

第四百一十八条　【集体所有土地使用权抵押权的实现效果】以集体所有土地的使用权依法抵押的，实现抵押权后，未经法定程序，不得改变土地所有权的性质和土地用途。

第四百一十九条　【抵押权的存续期间】抵押权人应当在主债权诉讼时效期间行使抵押权；未行使的，人民法院不予保护。

第二节　最高额抵押权

第四百二十条　【最高额抵押规则】为担保债务的履行，债务人或者第三人对一定期间内将要连续发生的债权提供担保财产的，债务人不履行到期债务或者发生当事人约定的实现抵押权的情形，抵押权人有权在最高债权额限度内就该担保财产优先受偿。

最高额抵押权设立前已经存在的债权，经当事人同意，可以转入最高额抵押担保的债权范围。

第四百二十一条　【最高额抵押权担保的部分债权转让效力】最高额抵押担保的债权确定前，部分债权转让的，最高额抵押权不得转让，但是当事人另有约定的除外。

第四百二十二条　【最高额抵押合同条款变更】最高额抵押担保的债权确定前，抵押权人与抵押人可以通过协议变更债权确定的期间、债权范围以及最高债权额。但是，变更的内容不得对其他抵押权人产生不利影响。

第四百二十三条　【最高额抵押所担保债权的确定事由】有下列情形之一的，抵押权人的债权确定：

（一）约定的债权确定期间届满；

（二）没有约定债权确定期间或者约定不明确，抵押权人或者抵押人自最高额抵押权设立之日起满二年后请求确定债权；

（三）新的债权不可能发生；

（四）抵押权人知道或者应当知道抵押财产被查封、扣押；

（五）债务人、抵押人被宣告破产或者解散；

（六）法律规定债权确定的其他情形。

第四百二十四条 【最高额抵押的法律适用】最高额抵押权除适用本节规定外，适用本章第一节的有关规定。

第十八章 质　　权

第一节 动产质权

第四百二十五条 【动产质权概念】为担保债务的履行，债务人或者第三人将其动产出质给债权人占有的，债务人不履行到期债务或者发生当事人约定的实现质权的情形，债权人有权就该动产优先受偿。

前款规定的债务人或者第三人为出质人，债权人为质权人，交付的动产为质押财产。

第四百二十六条 【禁止出质的动产范围】法律、行政法规禁止转让的动产不得出质。

第四百二十七条 【质押合同形式及内容】设立质权，当事人应当采用书面形式订立质押合同。

质押合同一般包括下列条款：

（一）被担保债权的种类和数额；

（二）债务人履行债务的期限；

（三）质押财产的名称、数量等情况；

（四）担保的范围；

（五）质押财产交付的时间、方式。

第四百二十八条 【流质条款的效力】质权人在债务履行期限届满前，与出质人约定债务人不履行到期债务时质押财产归债权人所有的，只能依法就质押财产优先受偿。

第四百二十九条 【质权的设立】质权自出质人交付质押财产时设立。

第四百三十条 【质权人的孳息收取权】质权人有权收取质押财产的孳息，但是合同另有约定的除外。

前款规定的孳息应当先充抵收取孳息的费用。

第四百三十一条 【质权人对质押财产处分的限制及其法律责任】质权人在质权存续期间，未经出质人同意，擅自使用、处分质押财产，造成出质人损害的，应当承担赔偿责任。

第四百三十二条 【质物保管义务】质权人负有妥善保管质押财产的义务；因保管不善致使质押财产毁损、灭失的，应当承担赔偿责任。

质权人的行为可能使质押财产毁损、灭失的，出质人可以请求质权人将质押财产提存，或者请求提前清偿债务并返还质押财产。

第四百三十三条 【质押财产保全】因不可归责于质权人的事由可能使质押财产毁损或者价值明显减少，足以危害质权人权利的，质权人有权请求出质人提供相应的担保；出质人不提供的，质权人可以拍卖、变卖质押财产，并与出质人协议将拍卖、变卖所得的价款提前清偿债务或者提存。

第四百三十四条 【转质】质权人在质权存续期间，未经出质人同意转质，造成质押财产毁损、灭失的，应当承担赔偿责任。

第四百三十五条 【放弃质权】质权人可以放弃质权。债务人以自己的财产出质，质权人放弃该质权的，其他担保人在质权人丧失优先受偿权益的范围内免除担保责任，但是其他担保人承诺仍然提供担保的除外。

第四百三十六条 【质物返还与质权实现】债务人履行债务或者出质人提前清偿所担保的债权的，质权人应当返还质押财产。

债务人不履行到期债务或者发生当事人约定的实现质权的情形，质权人可以与出质人协议以质押财产折价，也可以就拍卖、变卖质押财产所得的价款优先受偿。

质押财产折价或者变卖的，应当参照市场价格。

第四百三十七条 【出质人请求质权人及时行使质权】出质人可以请求质权人在债务履行期限届满后及时行使质权；质权人不行使的，出质人可以请求人民法院拍卖、变卖质押财产。

出质人请求质权人及时行使质权，因质权人怠于行使权利造成出质人损害的，由质权人承担赔偿责任。

第四百三十八条 【质押财产变价款归属原则】质押财产折价或者拍卖、变卖后，其价款超过债权数额的部分归出质人所有，不足部分由债务人清偿。

第四百三十九条 【最高额质权】出质人与质权人可以协议设立最高额质权。

最高额质权除适用本节有关规定外，参照适用本编第十七章第二节的有关规定。

第二节　权利质权

第四百四十条　【可出质的权利的范围】债务人或者第三人有权处分的下列权利可以出质：

（一）汇票、本票、支票；

（二）债券、存款单；

（三）仓单、提单；

（四）可以转让的基金份额、股权；

（五）可以转让的注册商标专用权、专利权、著作权等知识产权中的财产权；

（六）现有的以及将有的应收账款；

（七）法律、行政法规规定可以出质的其他财产权利。

第四百四十一条　【有价证券质权】以汇票、本票、支票、债券、存款单、仓单、提单出质的，质权自权利凭证交付质权人时设立；没有权利凭证的，质权自办理出质登记时设立。法律另有规定的，依照其规定。

第四百四十二条　【有价证券质权人行使权利的特别规定】汇票、本票、支票、债券、存款单、仓单、提单的兑现日期或者提货日期先于主债权到期的，质权人可以兑现或者提货，并与出质人协议将兑现的价款或者提取的货物提前清偿债务或者提存。

第四百四十三条　【基金份额质权、股权质权】以基金份额、股权出质的，质权自办理出质登记时设立。

基金份额、股权出质后，不得转让，但是出质人与质权人协商同意的除外。出质人转让基金份额、股权所得的价款，应当向质权人提前清偿债务或者提存。

第四百四十四条 【知识产权质权】以注册商标专用权、专利权、著作权等知识产权中的财产权出质的，质权自办理出质登记时设立。

知识产权中的财产权出质后，出质人不得转让或者许可他人使用，但是出质人与质权人协商同意的除外。出质人转让或者许可他人使用出质的知识产权中的财产权所得的价款，应当向质权人提前清偿债务或者提存。

第四百四十五条 【应收账款质权】以应收账款出质的，质权自办理出质登记时设立。

应收账款出质后，不得转让，但是出质人与质权人协商同意的除外。出质人转让应收账款所得的价款，应当向质权人提前清偿债务或者提存。

第四百四十六条 【权利质权的法律适用】权利质权除适用本节规定外，适用本章第一节的有关规定。

第十九章　留　置　权

第四百四十七条 【留置权的定义】债务人不履行到期债务，债权人可以留置已经合法占有的债务人的动产，并有权就该动产优先受偿。

前款规定的债权人为留置权人，占有的动产为留置财产。

第四百四十八条 【留置财产与债权的关系】债权人留置的动

产，应当与债权属于同一法律关系，但是企业之间留置的除外。

第四百四十九条 【留置权适用范围的限制性规定】法律规定或者当事人约定不得留置的动产，不得留置。

第四百五十条 【可分留置物】留置财产为可分物的，留置财产的价值应当相当于债务的金额。

第四百五十一条 【留置权人保管义务】留置权人负有妥善保管留置财产的义务；因保管不善致使留置财产毁损、灭失的，应当承担赔偿责任。

第四百五十二条 【留置财产的孳息收取】留置权人有权收取留置财产的孳息。

前款规定的孳息应当先充抵收取孳息的费用。

第四百五十三条 【留置权的实现】留置权人与债务人应当约定留置财产后的债务履行期限；没有约定或者约定不明确的，留置权人应当给债务人六十日以上履行债务的期限，但是鲜活易腐等不易保管的动产除外。债务人逾期未履行的，留置权人可以与债务人协议以留置财产折价，也可以就拍卖、变卖留置财产所得的价款优先受偿。

留置财产折价或者变卖的，应当参照市场价格。

第四百五十四条 【债务人请求留置权人行使留置权】债务人可以请求留置权人在债务履行期限届满后行使留置权；留置权人不行使的，债务人可以请求人民法院拍卖、变卖留置财产。

第四百五十五条 【留置权实现方式】留置财产折价或者拍卖、变卖后，其价款超过债权数额的部分归债务人所有，不足部分由债务人清偿。

第四百五十六条 【留置权优先于其他担保物权效力】同一动产上已经设立抵押权或者质权，该动产又被留置的，留置权人优先受偿。

第四百五十七条 【留置权消灭】留置权人对留置财产丧失占有或者留置权人接受债务人另行提供担保的，留置权消灭。

第五分编 占　　有

第二十章 占　　有

第四百五十八条 【有权占有法律适用】基于合同关系等产生的占有，有关不动产或者动产的使用、收益、违约责任等，按照合同约定；合同没有约定或者约定不明确的，依照有关法律规定。

第四百五十九条 【恶意占有人的损害赔偿责任】占有人因使用占有的不动产或者动产，致使该不动产或者动产受到损害的，恶意占有人应当承担赔偿责任。

第四百六十条 【权利人的返还请求权和占有人的费用求偿权】不动产或者动产被占有人占有的，权利人可以请求返还原物及其孳息；但是，应当支付善意占有人因维护该不动产或者动产支出的必要费用。

第四百六十一条 【占有物毁损或者灭失时占有人的责任】占有的不动产或者动产毁损、灭失，该不动产或者动产的权利人请求赔偿的，占有人应当将因毁损、灭失取得的保险金、赔偿金或者补偿金等返还给权利人；权利人的损害未得到足够弥补的，恶意占有人还应当赔偿损失。

第四百六十二条 【占有保护的方法】占有的不动产或者动产被侵占的，占有人有权请求返还原物；对妨害占有的行为，占有人有权请求排除妨害或者消除危险；因侵占或者妨害造成损害的，占有人有权依法请求损害赔偿。

占有人返还原物的请求权，自侵占发生之日起一年内未行使的，该请求权消灭。

……

附　　则

第一千二百五十九条 【法律术语含义】民法所称的“以上”、“以下”、“以内”、“届满”，包括本数；所称的“不满”、“超过”、“以外”，不包括本数。

第一千二百六十条 【施行日期】本法自2021年1月1日起施行。《中华人民共和国婚姻法》、《中华人民共和国继承法》、《中华人民共和国民法通则》、《中华人民共和国收养法》、《中华人民共和国担保法》、《中华人民共和国合同法》、《中华人民共和国物权法》、《中华人民共和国侵权责任法》、《中华人民共和国民法总则》同时废止。

民法典物权编与相关规定对照表

（左栏删除线部分为删除的内容，右栏黑体部分为增加的内容，两栏下划线部分为修改的内容）

相关法律规定	民法典物权编
	第二编　物　　权
	第一分编　通　　则
	第一章　一般规定
《物权法》[1] **第二条**　因物的归属和利用~~而~~产生的民事关系，适用本法。 ~~本法所称物，包括不动产和动产。法律规定权利作为物权客体的，依照其规定。~~ ~~本法所称物权，是指权利人依法对特定的物享有直接支配和排他的权利，包括所有权、用益物权和担保物权。~~	**第二百零五条**　本编调整因物的归属和利用产生的民事关系。

①“物权编”对照表左侧列中，没有特别标注法名的，内容为《中华人民共和国物权法》条文。

相关法律规定	民法典物权编
第三条 国家~~在社会主义初级阶段，~~坚持公有制为主体、多种所有制经济共同发展~~的~~基本经济制度。 国家巩固和发展公有制经济，鼓励、支持和引导非公有制经济的发展。 国家实行社会主义市场经济，保障一切市场主体的平等法律地位和发展权利。	**第二百零六条** 国家坚持**和完善**公有制为主体、多种所有制经济共同发展，**按劳分配为主体、多种分配方式并存，社会主义市场经济体制等社会主义**基本经济制度。 国家巩固和发展公有制经济，鼓励、支持和引导非公有制经济的发展。 国家实行社会主义市场经济，保障一切市场主体的平等法律地位和发展权利。
第四条 国家、集体、私人的物权和其他权利人的物权受法律保护，任何单位和个人不得侵犯。	**第二百零七条** 国家、集体、私人的物权和其他权利人的物权受法律**平等**保护，任何组织或者个人不得侵犯。
第六条 不动产物权的设立、变更、转让和消灭，应当依照法律规定登记。动产物权的设立和转让，应当依照法律规定交付。	**第二百零八条** 不动产物权的设立、变更、转让和消灭，应当依照法律规定登记。动产物权的设立和转让，应当依照法律规定交付。

相关法律规定	民法典物权编
	第二章　物权的设立、变更、转让和消灭
	第一节　不动产登记
第九条　不动产物权的设立、变更、转让和消灭，经依法登记，发生效力；未经登记，不发生效力，<u>但</u>法律另有规定的除外。 依法属于国家所有的自然资源，所有权可以不登记。	**第二百零九条**　不动产物权的设立、变更、转让和消灭，经依法登记，发生效力；未经登记，不发生效力，<u>但是</u>法律另有规定的除外。 依法属于国家所有的自然资源，所有权可以不登记。
第十条　不动产登记，由不动产所在地的登记机构办理。 国家对不动产实行统一登记制度。统一登记的范围、登记机构和登记办法，由法律、行政法规规定。	**第二百一十条**　不动产登记，由不动产所在地的登记机构办理。 国家对不动产实行统一登记制度。统一登记的范围、登记机构和登记办法，由法律、行政法规规定。
第十一条　当事人申请登记，应当根据不同登记事项提供权属证明和不动产界址、面积等必要材料。	**第二百一十一条**　当事人申请登记，应当根据不同登记事项提供权属证明和不动产界址、面积等必要材料。

相关法律规定	民法典物权编
第十二条　登记机构应当履行下列职责： （一）查验申请人提供的权属证明和其他必要材料； （二）就有关登记事项询问申请人； （三）如实、及时登记有关事项； （四）法律、行政法规规定的其他职责。 申请登记的不动产的有关情况需要进一步证明的，登记机构可以要求申请人补充材料，必要时可以实地查看。	**第二百一十二条**　登记机构应当履行下列职责： （一）查验申请人提供的权属证明和其他必要材料； （二）就有关登记事项询问申请人； （三）如实、及时登记有关事项； （四）法律、行政法规规定的其他职责。 申请登记的不动产的有关情况需要进一步证明的，登记机构可以要求申请人补充材料，必要时可以实地查看。
第十三条　登记机构不得有下列行为： （一）要求对不动产进行评估； （二）以年检等名义进行重复登记； （三）超出登记职责范围的其他行为。	**第二百一十三条**　登记机构不得有下列行为： （一）要求对不动产进行评估； （二）以年检等名义进行重复登记； （三）超出登记职责范围的其他行为。

相关法律规定	民法典物权编
第十四条 不动产物权的设立、变更、转让和消灭，依照法律规定应当登记的，自记载于不动产登记簿时发生效力。	**第二百一十四条** 不动产物权的设立、变更、转让和消灭，依照法律规定应当登记的，自记载于不动产登记簿时发生效力。
第十五条 当事人之间订立有关设立、变更、转让和消灭不动产物权的合同，除法律另有规定或者<u>合同</u>另有约定外，自合同成立时生效；未办理物权登记的，不影响合同效力。	**第二百一十五条** 当事人之间订立有关设立、变更、转让和消灭不动产物权的合同，除法律另有规定或者<u>当事人</u>另有约定外，自合同成立时生效；未办理物权登记的，不影响合同效力。
第十六条 不动产登记簿是物权归属和内容的根据。 不动产登记簿由登记机构管理。	**第二百一十六条** 不动产登记簿是物权归属和内容的根据。 不动产登记簿由登记机构管理。
第十七条 不动产权属证书是权利人享有该不动产物权的证明。不动产权属证书记载的事项，应当与不动产登记簿	**第二百一十七条** 不动产权属证书是权利人享有该不动产物权的证明。不动产权属证书记载的事项，应当与不动产

相关法律规定	民法典物权编
一致；记载不一致的，除有证据证明不动产登记簿确有错误外，以不动产登记簿为准。	登记簿一致；记载不一致的，除有证据证明不动产登记簿确有错误外，以不动产登记簿为准。
第十八条 权利人、利害关系人可以申请查询、复制登记资料，登记机构应当提供。	**第二百一十八条** 权利人、利害关系人可以申请查询、复制**不动产**登记资料，登记机构应当提供。
	第二百一十九条 利害关系人不得公开、非法使用权利人的不动产登记资料。
第十九条 权利人、利害关系人认为不动产登记簿记载的事项错误的，可以申请更正登记。不动产登记簿记载的权利人书面同意更正或者有证据证明登记确有错误的，登记机构应当予以更正。 不动产登记簿记载的权利人不同意更正的，利害关系人可以申请异议登记。登记机构予以异议登记的，申请人在异	**第二百二十条** 权利人、利害关系人认为不动产登记簿记载的事项错误的，可以申请更正登记。不动产登记簿记载的权利人书面同意更正或者有证据证明登记确有错误的，登记机构应当予以更正。 不动产登记簿记载的权利人不同意更正的，利害关系人可以申请异议登记。登记机构予以异议登记，申请人自异议

相关法律规定	民法典物权编
议登记之日起十五日内不起诉，异议登记失效。异议登记不当，造成权利人损害的，权利人可以向申请人请求损害赔偿。	登记之日起十五日内不提起诉讼的，异议登记失效。异议登记不当，造成权利人损害的，权利人可以向申请人请求损害赔偿。
第二十条 当事人签订买卖房屋或者其他不动产物权的协议，为保障将来实现物权，按照约定可以向登记机构申请预告登记。预告登记后，未经预告登记的权利人同意，处分该不动产的，不发生物权效力。 预告登记后，债权消灭或者自能够进行不动产登记之日起三个月内未申请登记的，预告登记失效。	**第二百二十一条** 当事人签订买卖房屋**的协议**或者**签订**其他不动产物权的协议，为保障将来实现物权，按照约定可以向登记机构申请预告登记。预告登记后，未经预告登记的权利人同意，处分该不动产的，不发生物权效力。 预告登记后，债权消灭或者自能够进行不动产登记之日起九十日内未申请登记的，预告登记失效。
第二十一条 当事人提供虚假材料申请登记，给他人造成损害的，应当承担赔偿责任。 因登记错误，给他人造成损害的，登记机构应当承担赔	**第二百二十二条** 当事人提供虚假材料申请登记，造成他人损害的，应当承担赔偿责任。 因登记错误，造成他人损害的，登记机构应当承担赔偿

相关法律规定	民法典物权编
偿责任。登记机构赔偿后，可以向造成登记错误的人追偿。	责任。登记机构赔偿后，可以向造成登记错误的人追偿。
第二十二条 不动产登记费按件收取，不得按照不动产的面积、体积或者价款的比例收取。~~具体收费标准由国务院有关部门会同价格主管部门规定~~。	**第二百二十三条** 不动产登记费按件收取，不得按照不动产的面积、体积或者价款的比例收取。
	第二节 动产交付
第二十三条 动产物权的设立和转让，自交付时发生效力，但法律另有规定的除外。	**第二百二十四条** 动产物权的设立和转让，自交付时发生效力，但是法律另有规定的除外。
第二十四条 船舶、航空器和机动车等物权的设立、变更、转让和消灭，未经登记，不得对抗善意第三人。	**第二百二十五条** 船舶、航空器和机动车等**的**物权的设立、变更、转让和消灭，未经登记，不得对抗善意第三人。
第二十五条 动产物权设立和转让前，权利人已经~~依法~~占有该动产的，物权自法律行为生效时发生效力。	**第二百二十六条** 动产物权设立和转让前，权利人已经占有该动产的，物权自**民事**法律行为生效时发生效力。

相关法律规定	民法典物权编
第二十六条 动产物权设立和转让前，第三人~~依法~~占有该动产的，负有交付义务的人可以通过转让请求第三人返还原物的权利代替交付。	**第二百二十七条** 动产物权设立和转让前，第三人占有该动产的，负有交付义务的人可以通过转让请求第三人返还原物的权利代替交付。
第二十七条 动产物权转让时，双方又约定由出让人继续占有该动产的，物权自该约定生效时发生效力。	**第二百二十八条** 动产物权转让时，当事人又约定由出让人继续占有该动产的，物权自该约定生效时发生效力。
	第三节 其他规定
第二十八条 因人民法院、仲裁委员会的法律文书或者人民政府的征收决定等，导致物权设立、变更、转让或者消灭的，自法律文书或者~~人民政府的~~征收决定等生效时发生效力。	**第二百二十九条** 因人民法院、仲裁机构的法律文书或者人民政府的征收决定等，导致物权设立、变更、转让或者消灭的，自法律文书或者征收决定等生效时发生效力。
第二十九条 因继承~~或者受遗赠~~取得物权的，自继承~~或者受遗赠~~开始时发生效力。	**第二百三十条** 因继承取得物权的，自继承开始时发生效力。

相关法律规定	民法典物权编
第三十条 因合法建造、拆除房屋等事实行为设立或者消灭物权的，自事实行为成就时发生效力。	**第二百三十一条** 因合法建造、拆除房屋等事实行为设立或者消灭物权的，自事实行为成就时发生效力。
第三十一条 依照本法第二十八条至第三十条规定享有不动产物权的，处分该物权时，依照法律规定需要办理登记的，未经登记，不发生物权效力。	**第二百三十二条** 处分依照本节规定享有的不动产物权，依照法律规定需要办理登记的，未经登记，不发生物权效力。
	第三章　物权的保护
第三十二条 物权受到侵害的，权利人可以通过和解、调解、仲裁、诉讼等途径解决。	**第二百三十三条** 物权受到侵害的，权利人可以通过和解、调解、仲裁、诉讼等途径解决。
第三十三条 因物权的归属、内容发生争议的，利害关系人可以请求确认权利。	**第二百三十四条** 因物权的归属、内容发生争议的，利害关系人可以请求确认权利。
第三十四条 无权占有不动产或者动产的，权利人可以请求返还原物。	**第二百三十五条** 无权占有不动产或者动产的，权利人可以请求返还原物。

相关法律规定	民法典物权编
第三十五条 妨害物权或者可能妨害物权的，权利人可以请求排除妨害或者消除危险。	**第二百三十六条** 妨害物权或者可能妨害物权的，权利人可以请求排除妨害或者消除危险。
第三十六条 造成不动产或者动产毁损的，权利人可以请求修理、重作、更换或者恢复原状。	**第二百三十七条** 造成不动产或者动产毁损的，权利人可以**依法**请求修理、重作、更换或者恢复原状。
第三十七条 侵害物权，造成权利人损害的，权利人可以请求损害赔偿，也可以请求承担其他民事责任。	**第二百三十八条** 侵害物权，造成权利人损害的，权利人可以**依法**请求损害赔偿，也可以**依法**请求承担其他民事责任。
第三十八条 本章规定的物权保护方式，可以单独适用，也可以根据权利被侵害的情形合并适用。 ~~侵害物权，除承担民事责任外，违反行政管理规定的，依法承担行政责任；构成犯罪的，依法追究刑事责任~~。	**第二百三十九条** 本章规定的物权保护方式，可以单独适用，也可以根据权利被侵害的情形合并适用。

相关法律规定	民法典物权编
	第二分编 所 有 权
	第四章 一般规定
第三十九条 所有权人对自己的不动产或者动产，依法享有占有、使用、收益和处分的权利。	**第二百四十条** 所有权人对自己的不动产或者动产，依法享有占有、使用、收益和处分的权利。
第四十条 所有权人有权在自己的不动产或者动产上设立用益物权和担保物权。用益物权人、担保物权人行使权利，不得损害所有权人的权益。	**第二百四十一条** 所有权人有权在自己的不动产或者动产上设立用益物权和担保物权。用益物权人、担保物权人行使权利，不得损害所有权人的权益。
第四十一条 法律规定专属于国家所有的不动产和动产，任何单位和个人不能取得所有权。	**第二百四十二条** 法律规定专属于国家所有的不动产和动产，任何组织或者个人不能取得所有权。
第四十二条 为了公共利益的需要，依照法律规定的权限和程序可以征收集体所有的土地和单位、个人的房屋及其他不动产。	**第二百四十三条** 为了公共利益的需要，依照法律规定的权限和程序可以征收集体所有的土地和组织、个人的房屋以及其他不动产。

相关法律规定	民法典物权编
征收集体所有的土地，应当依法足额支付土地补偿费、安置补助费、地上附着物和青苗的补偿费等费用，安排被征地农民的社会保障费用，保障被征地农民的生活，维护被征地农民的合法权益。 征收单位、个人的房屋及其他不动产，应当依法给予拆迁补偿，维护被征收人的合法权益；征收个人住宅的，还应当保障被征收人的居住条件。 任何单位和个人不得贪污、挪用、私分、截留、拖欠征收补偿费等费用。	征收集体所有的土地，应当依法**及时**足额支付土地补偿费、安置补助费**以及农村村民住宅、其他**地上附着物和青苗**等**的补偿费用，**并**安排被征地农民的社会保障费用，保障被征地农民的生活，维护被征地农民的合法权益。 征收组织、个人的房屋以及其他不动产，应当依法给予征收补偿，维护被征收人的合法权益；征收个人住宅的，还应当保障被征收人的居住条件。 任何组织或者个人不得贪污、挪用、私分、截留、拖欠征收补偿费等费用。
第四十三条　国家对耕地实行特殊保护，严格限制农用地转为建设用地，控制建设用地总量。不得违反法律规定的权限和程序征收集体所有的土地。	**第二百四十四条**　国家对耕地实行特殊保护，严格限制农用地转为建设用地，控制建设用地总量。不得违反法律规定的权限和程序征收集体所有的土地。

相关法律规定	民法典物权编
第四十四条 因抢险、救灾等紧急需要，依照法律规定的权限和程序可以征用单位、个人的不动产或者动产。被征用的不动产或者动产使用后，应当返还被征用人。单位、个人的不动产或者动产被征用或者征用后毁损、灭失的，应当给予补偿。	**第二百四十五条** 因抢险救灾、**疫情防控**等紧急需要，依照法律规定的权限和程序可以征用组织、个人的不动产或者动产。被征用的不动产或者动产使用后，应当返还被征用人。组织、个人的不动产或者动产被征用或者征用后毁损、灭失的，应当给予补偿。
	第五章 国家所有权和集体所有权、私人所有权
第四十五条 法律规定属于国家所有的财产，属于国家所有即全民所有。 国有财产由国务院代表国家行使所有权；法律另有规定的，依照其规定。	**第二百四十六条** 法律规定属于国家所有的财产，属于国家所有即全民所有。 国有财产由国务院代表国家行使所有权。法律另有规定的，依照其规定。
第四十六条 矿藏、水流、海域属于国家所有。	**第二百四十七条** 矿藏、水流、海域属于国家所有。
《海岛保护法》 **第四条** 无居民海岛属于国家所有，国务院代表国家行使无居民海岛所有权。	**第二百四十八条** 无居民海岛属于国家所有，国务院代表国家行使无居民海岛所有权。

相关法律规定	民法典物权编
第四十七条 城市的土地，属于国家所有。法律规定属于国家所有的农村和城市郊区的土地，属于国家所有。	**第二百四十九条** 城市的土地，属于国家所有。法律规定属于国家所有的农村和城市郊区的土地，属于国家所有。
第四十八条 森林、山岭、草原、荒地、滩涂等自然资源，属于国家所有，但法律规定属于集体所有的除外。	**第二百五十条** 森林、山岭、草原、荒地、滩涂等自然资源，属于国家所有，但是法律规定属于集体所有的除外。
第四十九条 法律规定属于国家所有的野生动植物资源，属于国家所有。	**第二百五十一条** 法律规定属于国家所有的野生动植物资源，属于国家所有。
第五十条 无线电频谱资源属于国家所有。	**第二百五十二条** 无线电频谱资源属于国家所有。
第五十一条 法律规定属于国家所有的文物，属于国家所有。	**第二百五十三条** 法律规定属于国家所有的文物，属于国家所有。
第五十二条 国防资产属于国家所有。 铁路、公路、电力设施、电信设施和油气管道等基础设施，依照法律规定为国家所有的，属于国家所有。	**第二百五十四条** 国防资产属于国家所有。 铁路、公路、电力设施、电信设施和油气管道等基础设施，依照法律规定为国家所有的，属于国家所有。

相关法律规定	民法典物权编
第五十三条 国家机关对其直接支配的不动产和动产，享有占有、使用以及依照法律和国务院的有关规定处分的权利。	**第二百五十五条** 国家机关对其直接支配的不动产和动产，享有占有、使用以及依照法律和国务院的有关规定处分的权利。
第五十四条 国家举办的事业单位对其直接支配的不动产和动产，享有占有、使用以及依照法律和国务院的有关规定收益、处分的权利。	**第二百五十六条** 国家举办的事业单位对其直接支配的不动产和动产，享有占有、使用以及依照法律和国务院的有关规定收益、处分的权利。
第五十五条 国家出资的企业，由国务院、地方人民政府依照法律、行政法规规定分别代表国家履行出资人职责，享有出资人权益。	**第二百五十七条** 国家出资的企业，由国务院、地方人民政府依照法律、行政法规规定分别代表国家履行出资人职责，享有出资人权益。
第五十六条 国家所有的财产受法律保护，禁止任何单位和个人侵占、哄抢、私分、截留、破坏。	**第二百五十八条** 国家所有的财产受法律保护，禁止任何组织或者个人侵占、哄抢、私分、截留、破坏。
第五十七条 履行国有财产管理、监督职责的机构及其工作人员，应当依法加强对国	**第二百五十九条** 履行国有财产管理、监督职责的机构及其工作人员，应当依法加强

相关法律规定	民法典物权编
有财产的管理、监督，促进国有财产保值增值，防止国有财产损失；滥用职权，玩忽职守，造成国有财产损失的，应当依法承担法律责任。 违反国有财产管理规定，在企业改制、合并分立、关联交易等过程中，低价转让、合谋私分、擅自担保或者以其他方式造成国有财产损失的，应当依法承担法律责任。	对国有财产的管理、监督，促进国有财产保值增值，防止国有财产损失；滥用职权，玩忽职守，造成国有财产损失的，应当依法承担法律责任。 违反国有财产管理规定，在企业改制、合并分立、关联交易等过程中，低价转让、合谋私分、擅自担保或者以其他方式造成国有财产损失的，应当依法承担法律责任。
第五十八条 集体所有的不动产和动产包括： （一）法律规定属于集体所有的土地和森林、山岭、草原、荒地、滩涂； （二）集体所有的建筑物、生产设施、农田水利设施； （三）集体所有的教育、科学、文化、卫生、体育等设施； （四）集体所有的其他不动产和动产。	**第二百六十条** 集体所有的不动产和动产包括： （一）法律规定属于集体所有的土地和森林、山岭、草原、荒地、滩涂； （二）集体所有的建筑物、生产设施、农田水利设施； （三）集体所有的教育、科学、文化、卫生、体育等设施； （四）集体所有的其他不动产和动产。

相关法律规定	民法典物权编
第五十九条 农民集体所有的不动产和动产，属于本集体成员集体所有。 下列事项应当依照法定程序经本集体成员决定： （一）土地承包方案以及将土地发包给本集体以外的单位或者个人承包； （二）个别土地承包经营权人之间承包地的调整； （三）土地补偿费等费用的使用、分配办法； （四）集体出资的企业的所有权变动等事项； （五）法律规定的其他事项。	**第二百六十一条** 农民集体所有的不动产和动产，属于本集体成员集体所有。 下列事项应当依照法定程序经本集体成员决定： （一）土地承包方案以及将土地发包给本集体以外的组织或者个人承包； （二）个别土地承包经营权人之间承包地的调整； （三）土地补偿费等费用的使用、分配办法； （四）集体出资的企业的所有权变动等事项； （五）法律规定的其他事项。
第六十条 对于集体所有的土地和森林、山岭、草原、荒地、滩涂等，依照下列规定行使所有权： （一）属于村农民集体所有的，由村集体经济组织或者	**第二百六十二条** 对于集体所有的土地和森林、山岭、草原、荒地、滩涂等，依照下列规定行使所有权： （一）属于村农民集体所有的，由村集体经济组织或者

相关法律规定	民法典物权编
村民委员会代表集体行使所有权； （二）分别属于村内两个以上农民集体所有的，由村内各该集体经济组织或者村民小组代表集体行使所有权； （三）属于乡镇农民集体所有的，由乡镇集体经济组织代表集体行使所有权。	村民委员会**依法**代表集体行使所有权； （二）分别属于村内两个以上农民集体所有的，由村内各该集体经济组织或者村民小组**依法**代表集体行使所有权； （三）属于乡镇农民集体所有的，由乡镇集体经济组织代表集体行使所有权。
第六十一条　城镇集体所有的不动产和动产，依照法律、行政法规的规定由本集体享有占有、使用、收益和处分的权利。	**第二百六十三条**　城镇集体所有的不动产和动产，依照法律、行政法规的规定由本集体享有占有、使用、收益和处分的权利。
第六十二条　集体经济组织或者村民委员会、村民小组应当依照法律、行政法规以及章程、村规民约向本集体成员公布集体财产的状况。	**第二百六十四条**　农村集体经济组织或者村民委员会、村民小组应当依照法律、行政法规以及章程、村规民约向本集体成员公布集体财产的状况。**集体成员有权查阅、复制相关资料。**

相关法律规定	民法典物权编
第六十三条 集体所有的财产受法律保护，禁止任何单位和个人侵占、哄抢、私分、破坏。 集体经济组织、村民委员会或者其负责人作出的决定侵害集体成员合法权益的，受侵害的集体成员可以请求人民法院予以撤销。	**第二百六十五条** 集体所有的财产受法律保护，禁止任何组织或者个人侵占、哄抢、私分、破坏。 **农村**集体经济组织、村民委员会或者其负责人作出的决定侵害集体成员合法权益的，受侵害的集体成员可以请求人民法院予以撤销。
第六十四条 私人对其合法的收入、房屋、生活用品、生产工具、原材料等不动产和动产享有所有权。	**第二百六十六条** 私人对其合法的收入、房屋、生活用品、生产工具、原材料等不动产和动产享有所有权。
第六十六条 私人的合法财产受法律保护，禁止任何单位和个人侵占、哄抢、破坏。	**第二百六十七条** 私人的合法财产受法律保护，禁止任何组织或者个人侵占、哄抢、破坏。
第六十七条 国家、集体和私人依法可以出资设立有限责任公司、股份有限公司或者其他企业。国家、集体和私人所有的不动产或者动产~~，~~投到	**第二百六十八条** 国家、集体和私人依法可以出资设立有限责任公司、股份有限公司或者其他企业。国家、集体和私人所有的不动产或者动产投

相关法律规定	民法典物权编
企业的，由出资人按照约定或者出资比例享有资产收益、重大决策以及选择经营管理者等权利并履行义务。	到企业的，由出资人按照约定或者出资比例享有资产收益、重大决策以及选择经营管理者等权利并履行义务。
第六十八条 企业法人对其不动产和动产依照法律、行政法规以及章程享有占有、使用、收益和处分的权利。 企业法人以外的法人，对其不动产和动产的权利，适用有关法律、行政法规以及章程的规定。	**第二百六十九条** 营利法人对其不动产和动产依照法律、行政法规以及章程享有占有、使用、收益和处分的权利。 营利法人以外的法人，对其不动产和动产的权利，适用有关法律、行政法规以及章程的规定。
第六十九条 社会团体依法所有的不动产和动产，受法律保护。	**第二百七十条** 社会团体**法人、捐助法人**依法所有的不动产和动产，受法律保护。
	第六章 业主的建筑物区分所有权
第七十条 业主对建筑物内的住宅、经营性用房等专有部分享有所有权，对专有部分以外的共有部分享有共有和共同管理的权利。	**第二百七十一条** 业主对建筑物内的住宅、经营性用房等专有部分享有所有权，对专有部分以外的共有部分享有共有和共同管理的权利。

相关法律规定	民法典物权编
第七十一条 业主对其建筑物专有部分享有占有、使用、收益和处分的权利。业主行使权利不得危及建筑物的安全，不得损害其他业主的合法权益。	**第二百七十二条** 业主对其建筑物专有部分享有占有、使用、收益和处分的权利。业主行使权利不得危及建筑物的安全，不得损害其他业主的合法权益。
第七十二条 业主对建筑物专有部分以外的共有部分，享有权利，承担义务；不得以放弃权利不履行义务。 业主转让建筑物内的住宅、经营性用房，其对共有部分享有的共有和共同管理的权利一并转让。	**第二百七十三条** 业主对建筑物专有部分以外的共有部分，享有权利，承担义务；不得以放弃权利**为由**不履行义务。 业主转让建筑物内的住宅、经营性用房，其对共有部分享有的共有和共同管理的权利一并转让。
第七十三条 建筑区划内的道路，属于业主共有，但属于城镇公共道路的除外。建筑区划内的绿地，属于业主共有，但属于城镇公共绿地或者明示属于个人的除外。建筑区划内的其他公共场所、公用设施和物业服务用房，属于业主共有。	**第二百七十四条** 建筑区划内的道路，属于业主共有，但是属于城镇公共道路的除外。建筑区划内的绿地，属于业主共有，但是属于城镇公共绿地或者明示属于个人的除外。建筑区划内的其他公共场所、公用设施和物业服务用房，属于业主共有。

相关法律规定	民法典物权编
第七十四条第二款、第三款　建筑区划内，规划用于停放汽车的车位、车库的归属，由当事人通过出售、附赠或者出租等方式约定。 占用业主共有的道路或者其他场地用于停放汽车的车位，属于业主共有。	**第二百七十五条**　建筑区划内，规划用于停放汽车的车位、车库的归属，由当事人通过出售、附赠或者出租等方式约定。 占用业主共有的道路或者其他场地用于停放汽车的车位，属于业主共有。
第七十四条第一款　建筑区划内，规划用于停放汽车的车位、车库应当首先满足业主的需要。	**第二百七十六条**　建筑区划内，规划用于停放汽车的车位、车库应当首先满足业主的需要。
第七十五条　业主可以设立业主大会，选举业主委员会。 地方人民政府有关部门应当对设立业主大会和选举业主委员会给予指导和协助。	**第二百七十七条**　业主可以设立业主大会，选举业主委员会。**业主大会、业主委员会成立的具体条件和程序，依照法律、法规的规定。** 地方人民政府有关部门、**居民委员会**应当对设立业主大会和选举业主委员会给予指导和协助。

相关法律规定	民法典物权编
第七十六条 下列事项由业主共同决定： （一）制定和修改业主大会议事规则； （二）制定和修改~~建筑物及其附属设施的~~管理规约； （三）选举业主委员会或者更换业主委员会成员； （四）选聘和解聘物业服务企业或者其他管理人； （五）筹集和使用建筑物及其附属设施的维修资金； （六）改建、重建建筑物及其附属设施； （七）有关共有和共同管理权利的其他重大事项。 ~~决定前款第五项和第六项规定的事项，应当经专有部分占建筑物总面积三分之二以上的业主且占总人数三分之二以上的业主同意。~~决定前款其他	**第二百七十八条** 下列事项由业主共同决定： （一）制定和修改业主大会议事规则； （二）制定和修改管理规约； （三）选举业主委员会或者更换业主委员会成员； （四）选聘和解聘物业服务企业或者其他管理人； （五）使用建筑物及其附属设施的维修资金； （六）筹集建筑物及其附属设施的维修资金； （七）改建、重建建筑物及其附属设施； **（八）改变共有部分的用途或者利用共有部分从事经营活动；** （九）有关共有和共同管理权利的其他重大事项。

相关法律规定	民法典物权编
事项，应当经专有部分~~占建筑物总面积~~过半数的业主且~~占总人数~~过半数的业主同意。	**业主共同决定事项，应当由专有部分面积占比三分之二以上的业主且人数占比三分之二以上的业主参与表决。决定前款第六项至第八项规定的事项，应当经参与表决专有部分面积四分之三以上的业主且参与表决人数四分之三以上的业主同意。**决定前款其他事项，应当经**参与表决**专有部分面积过半数的业主且**参与表决人数**过半数的业主同意。
第七十七条 业主不得违反法律、法规以及管理规约，将住宅改变为经营性用房。业主将住宅改变为经营性用房的，除遵守法律、法规以及管理规约外，应当经有利害关系的业主同意。	**第二百七十九条** 业主不得违反法律、法规以及管理规约，将住宅改变为经营性用房。业主将住宅改变为经营性用房的，除遵守法律、法规以及管理规约外，应当经有利害关系的业主**一致**同意。
第七十八条 业主大会或者业主委员会的决定，对业主具有约束力。	**第二百八十条** 业主大会或者业主委员会的决定，对业主具有**法律**约束力。

相关法律规定	民法典物权编
业主大会或者业主委员会作出的决定侵害业主合法权益的，受侵害的业主可以请求人民法院予以撤销。	业主大会或者业主委员会作出的决定侵害业主合法权益的，受侵害的业主可以请求人民法院予以撤销。
第七十九条　建筑物及其附属设施的维修资金，属于业主共有。经业主共同决定，可以用于电梯、~~水箱~~等共有部分的维修。维修资金的筹集、使用情况应当公布。	**第二百八十一条**　建筑物及其附属设施的维修资金，属于业主共有。经业主共同决定，可以用于电梯、**屋顶、外墙、无障碍设施**等共有部分的维修**、更新和改造**。**建筑物及其附属设施的**维修资金的筹集、使用情况应当**定期**公布。 **紧急情况下需要维修建筑物及其附属设施的，业主大会或者业主委员会可以依法申请使用建筑物及其附属设施的维修资金。**
	第二百八十二条　建设单位、物业服务企业或者其他管理人等利用业主的共有部分产生的收入，在扣除合理成本之后，属于业主共有。

相关法律规定	民法典物权编
第八十条　建筑物及其附属设施的费用分摊、收益分配等事项，有约定的，按照约定；没有约定或者约定不明确的，按照业主专有部分<u>占建筑物总面积的比例</u>确定。	**第二百八十三条**　建筑物及其附属设施的费用分摊、收益分配等事项，有约定的，按照约定；没有约定或者约定不明确的，按照业主专有部分<u>面积所占比例</u>确定。
第八十一条　业主可以自行管理建筑物及其附属设施，也可以委托物业服务企业或者其他管理人管理。 对建设单位聘请的物业服务企业或者其他管理人，业主有权依法更换。	**第二百八十四条**　业主可以自行管理建筑物及其附属设施，也可以委托物业服务企业或者其他管理人管理。 对建设单位聘请的物业服务企业或者其他管理人，业主有权依法更换。
第八十二条　物业服务企业或者其他管理人根据业主的委托管理建筑区划内的建筑物及其附属设施，~~并~~接受业主的监督。	**第二百八十五条**　物业服务企业或者其他管理人根据业主的委托，**依照本法第三编有关物业服务合同的规定**管理建筑区划内的建筑物及其附属设施，接受业主的监督，**并及时答复业主对物业服务情况提出的询问**。

相关法律规定	民法典物权编
	物业服务企业或者其他管理人应当执行政府依法实施的应急处置措施和其他管理措施，积极配合开展相关工作。
第八十三条第一款、第二款第一句 业主应当遵守法律、法规以及管理规约。 业主大会和业主委员会，对任意弃置垃圾、排放污染物或者噪声、违反规定饲养动物、违章搭建、侵占通道、拒付物业费等损害他人合法权益的行为，有权依照法律、法规以及管理规约，要求行为人停止侵害、消除危险、排除妨害、赔偿损失。	**第二百八十六条** 业主应当遵守法律、法规以及管理规约，**相关行为应当符合节约资源、保护生态环境的要求。对于物业服务企业或者其他管理人执行政府依法实施的应急处置措施和其他管理措施，业主应当依法予以配合。** 业主大会或者业主委员会，对任意弃置垃圾、排放污染物或者噪声、违反规定饲养动物、违章搭建、侵占通道、拒付物业费等损害他人合法权益的行为，有权依照法律、法规以及管理规约，请求行为人停止侵害、排除妨碍、消除危险、**恢复原状**、赔偿损失。

相关法律规定	民法典物权编
	业主或者其他行为人拒不履行相关义务的，有关当事人可以向有关行政主管部门报告或者投诉，有关行政主管部门应当依法处理。
第八十三条第二款第二句 业主对侵害自己合法权益的行为，~~可以依法向人民法院提起诉讼~~。	**第二百八十七条** 业主对**建设单位、物业服务企业或者其他管理人以及其他业主**侵害自己合法权益的行为，**有权请求其承担民事责任。**
	第七章 相邻关系
第八十四条 不动产的相邻权利人应当按照有利生产、方便生活、团结互助、公平合理的原则，正确处理相邻关系。	**第二百八十八条** 不动产的相邻权利人应当按照有利生产、方便生活、团结互助、公平合理的原则，正确处理相邻关系。
第八十五条 法律、法规对处理相邻关系有规定的，依照其规定；法律、法规没有规定的，可以按照当地习惯。	**第二百八十九条** 法律、法规对处理相邻关系有规定的，依照其规定；法律、法规没有规定的，可以按照当地习惯。

相关法律规定	民法典物权编
第八十六条 不动产权利人应当为相邻权利人用水、排水提供必要的便利。 对自然流水的利用，应当在不动产的相邻权利人之间合理分配。对自然流水的排放，应当尊重自然流向。	**第二百九十条** 不动产权利人应当为相邻权利人用水、排水提供必要的便利。 对自然流水的利用，应当在不动产的相邻权利人之间合理分配。对自然流水的排放，应当尊重自然流向。
第八十七条 不动产权利人对相邻权利人因通行等必须利用其土地的，应当提供必要的便利。	**第二百九十一条** 不动产权利人对相邻权利人因通行等必须利用其土地的，应当提供必要的便利。
第八十八条 不动产权利人因建造、修缮建筑物以及铺设电线、电缆、水管、暖气和燃气管线等必须利用相邻土地、建筑物的，该土地、建筑物的权利人应当提供必要的便利。	**第二百九十二条** 不动产权利人因建造、修缮建筑物以及铺设电线、电缆、水管、暖气和燃气管线等必须利用相邻土地、建筑物的，该土地、建筑物的权利人应当提供必要的便利。
第八十九条 建造建筑物，不得违反国家有关工程建设标准，妨碍相邻建筑物的通风、采光和日照。	**第二百九十三条** 建造建筑物，不得违反国家有关工程建设标准，**不得**妨碍相邻建筑物的通风、采光和日照。

相关法律规定	民法典物权编
第九十条 不动产权利人不得违反国家规定弃置固体废物，排放大气污染物、水污染物、噪声、光、电磁波辐射等有害物质。	**第二百九十四条** 不动产权利人不得违反国家规定弃置固体废物，排放大气污染物、水污染物、**土壤污染物、**噪声、光**辐射**、电磁辐射等有害物质。
第九十一条 不动产权利人挖掘土地、建造建筑物、铺设管线以及安装设备等，不得危及相邻不动产的安全。	**第二百九十五条** 不动产权利人挖掘土地、建造建筑物、铺设管线以及安装设备等，不得危及相邻不动产的安全。
第九十二条 不动产权利人因用水、排水、通行、铺设管线等利用相邻不动产的，应当尽量避免对相邻的不动产权利人造成损害~~；造成损害的，应当给予赔偿~~。	**第二百九十六条** 不动产权利人因用水、排水、通行、铺设管线等利用相邻不动产的，应当尽量避免对相邻的不动产权利人造成损害。
	第八章 共有
第九十三条 不动产或者动产可以由两个以上单位、个人共有。共有包括按份共有和共同共有。	**第二百九十七条** 不动产或者动产可以由两个以上组织、个人共有。共有包括按份共有和共同共有。

相关法律规定	民法典物权编
第九十四条 按份共有人对共有的不动产或者动产按照其份额享有所有权。	**第二百九十八条** 按份共有人对共有的不动产或者动产按照其份额享有所有权。
第九十五条 共同共有人对共有的不动产或者动产共同享有所有权。	**第二百九十九条** 共同共有人对共有的不动产或者动产共同享有所有权。
第九十六条 共有人按照约定管理共有的不动产或者动产；没有约定或者约定不明确的，各共有人都有管理的权利和义务。	**第三百条** 共有人按照约定管理共有的不动产或者动产；没有约定或者约定不明确的，各共有人都有管理的权利和义务。
第九十七条 处分共有的不动产或者动产以及对共有的不动产或者动产作重大修缮的，应当经占份额三分之二以上的按份共有人或者全体共同共有人同意，但共有人之间另有约定的除外。	**第三百零一条** 处分共有的不动产或者动产以及对共有的不动产或者动产作重大修缮、**变更性质或者用途**的，应当经占份额三分之二以上的按份共有人或者全体共同共有人同意，但是共有人之间另有约定的除外。
第九十八条 对共有物的管理费用以及其他负担，有约定的，按照约定；没有约定或者约定不明确的，按份共有人	**第三百零二条** **共有人**对共有物的管理费用以及其他负担，有约定的，按照**其**约定；没有约定或者约定不明确的，

相关法律规定	民法典物权编
按照其份额负担，共同共有人共同负担。	按份共有人按照其份额负担，共同共有人共同负担。
第九十九条 共有人约定不得分割共有的不动产或者动产，以维持共有关系的，应当按照约定，但共有人有重大理由需要分割的，可以请求分割；没有约定或者约定不明确的，按份共有人可以随时请求分割，共同共有人在共有的基础丧失或者有重大理由需要分割时可以请求分割。因分割对其他共有人造成损害的，应当给予赔偿。	**第三百零三条** 共有人约定不得分割共有的不动产或者动产，以维持共有关系的，应当按照约定，但是共有人有重大理由需要分割的，可以请求分割；没有约定或者约定不明确的，按份共有人可以随时请求分割，共同共有人在共有的基础丧失或者有重大理由需要分割时可以请求分割。因分割造成其他共有人损害的，应当给予赔偿。
第一百条 共有人可以协商确定分割方式。达不成协议，共有的不动产或者动产可以分割并且不会因分割减损价值的，应当对实物予以分割；难以分割或者因分割会减损价值的，应当对折价或者拍卖、变卖取得的价款予以分割。	**第三百零四条** 共有人可以协商确定分割方式。达不成协议，共有的不动产或者动产可以分割且不会因分割减损价值的，应当对实物予以分割；难以分割或者因分割会减损价值的，应当对折价或者拍卖、变卖取得的价款予以分割。

相关法律规定	民法典物权编
共有人分割所得的不动产或者动产有瑕疵的，其他共有人应当分担损失。	共有人分割所得的不动产或者动产有瑕疵的，其他共有人应当分担损失。
第一百零一条 按份共有人可以转让其享有的共有的不动产或者动产份额。其他共有人在同等条件下享有优先购买的权利。	**第三百零五条** 按份共有人可以转让其享有的共有的不动产或者动产份额。其他共有人在同等条件下享有优先购买的权利。
	第三百零六条 按份共有人转让其享有的共有的不动产或者动产份额的，应当将转让条件及时通知其他共有人。其他共有人应当在合理期限内行使优先购买权。 **两个以上其他共有人主张行使优先购买权的，协商确定各自的购买比例；协商不成的，按照转让时各自的共有份额比例行使优先购买权。**
第一百零二条 因共有的不动产或者动产产生的债权债	**第三百零七条** 因共有的不动产或者动产产生的债权债

相关法律规定	民法典物权编
务，在对外关系上，共有人享有连带债权、承担连带债务，但法律另有规定或者第三人知道共有人不具有连带债权债务关系的除外；在共有人内部关系上，除共有人另有约定外，按份共有人按照份额享有债权、承担债务，共同共有人共同享有债权、承担债务。偿还债务超过自己应当承担份额的按份共有人，有权向其他共有人追偿。	务，在对外关系上，共有人享有连带债权、承担连带债务，但是法律另有规定或者第三人知道共有人不具有连带债权债务关系的除外；在共有人内部关系上，除共有人另有约定外，按份共有人按照份额享有债权、承担债务，共同共有人共同享有债权、承担债务。偿还债务超过自己应当承担份额的按份共有人，有权向其他共有人追偿。
第一百零三条 共有人对共有的不动产或者动产没有约定为按份共有或者共同共有，或者约定不明确的，除共有人具有家庭关系等外，视为按份共有。	**第三百零八条** 共有人对共有的不动产或者动产没有约定为按份共有或者共同共有，或者约定不明确的，除共有人具有家庭关系等外，视为按份共有。
第一百零四条 按份共有人对共有的不动产或者动产享有的份额，没有约定或者约定不明确的，按照出资额确定；不能确定出资额的，视为等额享有。	**第三百零九条** 按份共有人对共有的不动产或者动产享有的份额，没有约定或者约定不明确的，按照出资额确定；不能确定出资额的，视为等额享有。

相关法律规定	民法典物权编
第一百零五条 两个以上单位、个人共同享有用益物权、担保物权的，参照本章规定。	**第三百一十条** 两个以上组织、个人共同享有用益物权、担保物权的，参照**适用**本章**的有关**规定。
	第九章 所有权取得的特别规定
第一百零六条 无处分权人将不动产或者动产转让给受让人的，所有权人有权追回；除法律另有规定外，符合下列情形的，受让人取得该不动产或者动产的所有权： （一）受让人受让该不动产或者动产时是善意~~的~~； （二）以合理的价格转让； （三）转让的不动产或者动产依照法律规定应当登记的已经登记，不需要登记的已经交付给受让人。 受让人依照前款规定取得不动产或者动产的所有权的，原所有权人有权向无处分权人	**第三百一十一条** 无处分权人将不动产或者动产转让给受让人的，所有权人有权追回；除法律另有规定外，符合下列情形的，受让人取得该不动产或者动产的所有权： （一）受让人受让该不动产或者动产时是善意； （二）以合理的价格转让； （三）转让的不动产或者动产依照法律规定应当登记的已经登记，不需要登记的已经交付给受让人。 受让人依据前款规定取得不动产或者动产的所有权的，原所有权人有权向无处分权人

相关法律规定	民法典物权编
请求赔偿损失。 当事人善意取得其他物权的，参照前两款规定。	请求损害赔偿。 当事人善意取得其他物权的，参照**适用**前两款规定。
第一百零七条 所有权人或者其他权利人有权追回遗失物。该遗失物通过转让被他人占有的，权利人有权向无处分权人请求损害赔偿，或者自知道或者应当知道受让人之日起二年内向受让人请求返还原物，但受让人通过拍卖或者向具有经营资格的经营者购得该遗失物的，权利人请求返还原物时应当支付受让人所付的费用。权利人向受让人支付所付费用后，有权向无处分权人追偿。	**第三百一十二条** 所有权人或者其他权利人有权追回遗失物。该遗失物通过转让被他人占有的，权利人有权向无处分权人请求损害赔偿，或者自知道或者应当知道受让人之日起二年内向受让人请求返还原物；但是，受让人通过拍卖或者向具有经营资格的经营者购得该遗失物的，权利人请求返还原物时应当支付受让人所付的费用。权利人向受让人支付所付费用后，有权向无处分权人追偿。
第一百零八条 善意受让人取得动产后，该动产上的原有权利消灭，但善意受让人在受让时知道或者应当知道该权利的除外。	**第三百一十三条** 善意受让人取得动产后，该动产上的原有权利消灭。但是，善意受让人在受让时知道或者应当知道该权利的除外。

相关法律规定	民法典物权编
第一百零九条 拾得遗失物，应当返还权利人。拾得人应当及时通知权利人领取，或者送交公安等有关部门。	**第三百一十四条** 拾得遗失物，应当返还权利人。拾得人应当及时通知权利人领取，或者送交公安等有关部门。
第一百一十条 有关部门收到遗失物，知道权利人的，应当及时通知其领取；不知道的，应当及时发布招领公告。	**第三百一十五条** 有关部门收到遗失物，知道权利人的，应当及时通知其领取；不知道的，应当及时发布招领公告。
第一百一十一条 拾得人在遗失物送交有关部门前，有关部门在遗失物被领取前，应当妥善保管遗失物。因故意或者重大过失致使遗失物毁损、灭失的，应当承担民事责任。	**第三百一十六条** 拾得人在遗失物送交有关部门前，有关部门在遗失物被领取前，应当妥善保管遗失物。因故意或者重大过失致使遗失物毁损、灭失的，应当承担民事责任。
第一百一十二条 权利人领取遗失物时，应当向拾得人或者有关部门支付保管遗失物等支出的必要费用。 权利人悬赏寻找遗失物的，领取遗失物时应当按照承诺履行义务。	**第三百一十七条** 权利人领取遗失物时，应当向拾得人或者有关部门支付保管遗失物等支出的必要费用。 权利人悬赏寻找遗失物的，领取遗失物时应当按照承诺履行义务。

相关法律规定	民法典物权编
拾得人侵占遗失物的，无权请求保管遗失物等支出的费用，也无权请求权利人按照承诺履行义务。	拾得人侵占遗失物的，无权请求保管遗失物等支出的费用，也无权请求权利人按照承诺履行义务。
第一百一十三条 遗失物自发布招领公告之日起六个月内无人认领的，归国家所有。	**第三百一十八条** 遗失物自发布招领公告之日起一年内无人认领的，归国家所有。
第一百一十四条 拾得漂流物、发现埋藏物或者隐藏物的，参照拾得遗失物的有关规定。~~文物保护法等~~法律另有规定的，依照其规定。	**第三百一十九条** 拾得漂流物、发现埋藏物或者隐藏物的，参照**适用**拾得遗失物的有关规定。法律另有规定的，依照其规定。
第一百一十五条 主物转让的，从物随主物转让，但当事人另有约定的除外。	**第三百二十条** 主物转让的，从物随主物转让，但是当事人另有约定的除外。
第一百一十六条 天然孳息，由所有权人取得；既有所有权人又有用益物权人的，由用益物权人取得。当事人另有约定的，按照约定。	**第三百二十一条** 天然孳息，由所有权人取得；既有所有权人又有用益物权人的，由用益物权人取得。当事人另有约定的，按照其约定。

相关法律规定	民法典物权编
法定孳息，当事人有约定的，按照约定取得；没有约定或者约定不明确的，按照交易习惯取得。	法定孳息，当事人有约定的，按照约定取得；没有约定或者约定不明确的，按照交易习惯取得。
	第三百二十二条 因加工、附合、混合而产生的物的归属，有约定的，按照约定；没有约定或者约定不明确的，依照法律规定；法律没有规定的，按照充分发挥物的效用以及保护无过错当事人的原则确定。因一方当事人的过错或者确定物的归属造成另一方当事人损害的，应当给予赔偿或者补偿。
	第三分编　用益物权
	第十章　一般规定
第一百一十七条 用益物权人对他人所有的不动产或者动产，依法享有占有、使用和收益的权利。	**第三百二十三条** 用益物权人对他人所有的不动产或者动产，依法享有占有、使用和收益的权利。

相关法律规定	民法典物权编
第一百一十八条 国家所有或者国家所有由集体使用以及法律规定属于集体所有的自然资源，单位、个人依法可以占有、使用和收益。	**第三百二十四条** 国家所有或者国家所有由集体使用以及法律规定属于集体所有的自然资源，组织、个人依法可以占有、使用和收益。
第一百一十九条 国家实行自然资源有偿使用制度，但法律另有规定的除外。	**第三百二十五条** 国家实行自然资源有偿使用制度，但是法律另有规定的除外。
第一百二十条 用益物权人行使权利，应当遵守法律有关保护和合理开发利用资源的规定。所有权人不得干涉用益物权人行使权利。	**第三百二十六条** 用益物权人行使权利，应当遵守法律有关保护和合理开发利用资源、**保护生态环境**的规定。所有权人不得干涉用益物权人行使权利。
第一百二十一条 因不动产或者动产被征收、征用致使用益物权消灭或者影响用益物权行使的，用益物权人有权依照本法第四十二条、第四十四条的规定获得相应补偿。	**第三百二十七条** 因不动产或者动产被征收、征用致使用益物权消灭或者影响用益物权行使的，用益物权人有权依据本法第二百四十三条、第二百四十五条的规定获得相应补偿。

相关法律规定	民法典物权编
第一百二十二条 依法取得的海域使用权受法律保护。	**第三百二十八条** 依法取得的海域使用权受法律保护。
第一百二十三条 依法取得的探矿权、采矿权、取水权和使用水域、滩涂从事养殖、捕捞的权利受法律保护。	**第三百二十九条** 依法取得的探矿权、采矿权、取水权和使用水域、滩涂从事养殖、捕捞的权利受法律保护。
	第十一章 土地承包经营权
第一百二十四条 农村集体经济组织实行家庭承包经营为基础、统分结合的双层经营体制。 农民集体所有和国家所有由农民集体使用的耕地、林地、草地以及其他用于农业的土地，依法实行土地承包经营制度。	**第三百三十条** 农村集体经济组织实行家庭承包经营为基础、统分结合的双层经营体制。 农民集体所有和国家所有由农民集体使用的耕地、林地、草地以及其他用于农业的土地，依法实行土地承包经营制度。
第一百二十五条 土地承包经营权人依法对其承包经营的耕地、林地、草地等享有占有、使用和收益的权利，有权从事种植业、林业、畜牧业等农业生产。	**第三百三十一条** 土地承包经营权人依法对其承包经营的耕地、林地、草地等享有占有、使用和收益的权利，有权从事种植业、林业、畜牧业等农业生产。

相关法律规定	民法典物权编
第一百二十六条　耕地的承包期为三十年。草地的承包期为三十年至五十年。林地的承包期为三十年至七十年；特殊林木的林地承包期，经国务院林业行政主管部门批准可以延长。 前款规定的承包期届满，由土地承包经营权人按照国家有关规定继续承包。	**第三百三十二条**　耕地的承包期为三十年。草地的承包期为三十年至五十年。林地的承包期为三十年至七十年。 前款规定的承包期限届满，由土地承包经营权人依照农村土地承包的法律规定继续承包。
第一百二十七条　土地承包经营权自土地承包经营权合同生效时设立。 县级以上地方人民政府应当向土地承包经营权人发放土地承包经营权证、林权证、草原使用权证，并登记造册，确认土地承包经营权。	**第三百三十三条**　土地承包经营权自土地承包经营权合同生效时设立。 登记机构应当向土地承包经营权人发放土地承包经营权证、林权证**等证书**，并登记造册，确认土地承包经营权。
第一百二十八条　土地承包经营权人依照农村土地承包法的规定，有权将土地承包经营权采取转包、互换、转让等方式流转。流转的期限不得超	**第三百三十四条**　土地承包经营权人依照法律规定，有权将土地承包经营权互换、转让。未经依法批准，不得将承包地用于非农建设。

相关法律规定	民法典物权编
过承包期的剩余期限。未经依法批准，不得将承包地用于非农建设。	
第一百二十九条 土地承包经营权人将土地承包经营权互换、转让，当事人要求登记的，应当向县级以上地方人民政府申请土地承包经营权变更登记；未经登记，不得对抗善意第三人。	**第三百三十五条** 土地承包经营权互换、转让的，当事人可以向登记机构申请登记；未经登记，不得对抗善意第三人。
第一百三十条 承包期内发包人不得调整承包地。 因自然灾害严重毁损承包地等特殊情形，需要适当调整承包的耕地和草地的，应当依照农村土地承包法等法律规定办理。	**第三百三十六条** 承包期内发包人不得调整承包地。 因自然灾害严重毁损承包地等特殊情形，需要适当调整承包的耕地和草地的，应当依照农村土地承包的法律规定办理。
第一百三十一条 承包期内发包人不得收回承包地。农村土地承包法等法律另有规定的，依照其规定。	**第三百三十七条** 承包期内发包人不得收回承包地。法律另有规定的，依照其规定。

相关法律规定	民法典物权编
第一百三十二条　承包地被征收的，土地承包经营权人有权依照本法第四十二条第二款的规定获得相应补偿。	**第三百三十八条**　承包地被征收的，土地承包经营权人有权依据本法第二百四十三条的规定获得相应补偿。
《农村土地承包法》 **第三十六条**　承包方可以自主决定依法采取出租~~（转包）~~、入股或者其他方式向他人流转土地经营权~~，并向发包方备案~~。	**第三百三十九条**　土地承包经营权人可以自主决定依法采取出租、入股或者其他方式向他人流转土地经营权。
《农村土地承包法》 **第三十七条**　土地经营权人有权在合同约定的期限内占有农村土地，自主开展农业生产经营并取得收益。	**第三百四十条**　土地经营权人有权在合同约定的期限内占有农村土地，自主开展农业生产经营并取得收益。
	第三百四十一条　流转期限为五年以上的土地经营权，自流转合同生效时设立。当事人可以向登记机构申请土地经营权登记；未经登记，不得对抗善意第三人。

相关法律规定	民法典物权编
第一百三十三条 通过招标、拍卖、公开协商等方式承包荒地等农村土地，依照农村土地承包法等法律和国务院的有关规定，其土地承包经营权可以转让、入股、抵押或者以其他方式流转。	**第三百四十二条** 通过招标、拍卖、公开协商等方式承包农村土地，经依法登记取得权属证书的，可以依法采取**出租**、入股、抵押或者其他方式流转**土地经营权**。
第一百三十四条 国家所有的农用地实行承包经营的，参照本法的有关规定。	**第三百四十三条** 国家所有的农用地实行承包经营的，参照**适用**本编的有关规定。
	第十二章 建设用地使用权
第一百三十五条 建设用地使用权人依法对国家所有的土地享有占有、使用和收益的权利，有权利用该土地建造建筑物、构筑物及其附属设施。	**第三百四十四条** 建设用地使用权人依法对国家所有的土地享有占有、使用和收益的权利，有权利用该土地建造建筑物、构筑物及其附属设施。
第一百三十六条 建设用地使用权可以在土地的地表、地上或者地下分别设立。新设立的建设用地使用权，不得损害已设立的用益物权。	**第三百四十五条** 建设用地使用权可以在土地的地表、地上或者地下分别设立。

相关法律规定	民法典物权编
	第三百四十六条　设立建设用地使用权，应当符合节约资源、保护生态环境的要求，遵守法律、行政法规关于土地用途的规定，不得损害已经设立的用益物权。
第一百三十七条　设立建设用地使用权，可以采取出让或者划拨等方式。 工业、商业、旅游、娱乐和商品住宅等经营性用地以及同一土地有两个以上意向用地者的，应当采取招标、拍卖等公开竞价的方式出让。 严格限制以划拨方式设立建设用地使用权。~~采取划拨方式的，应当遵守法律、行政法规关于土地用途的规定。~~	**第三百四十七条**　设立建设用地使用权，可以采取出让或者划拨等方式。 工业、商业、旅游、娱乐和商品住宅等经营性用地以及同一土地有两个以上意向用地者的，应当采取招标、拍卖等公开竞价的方式出让。 严格限制以划拨方式设立建设用地使用权。
第一百三十八条　采取招标、拍卖、协议等出让方式设立建设用地使用权的，当事人	**第三百四十八条**　通过招标、拍卖、协议等出让方式设立建设用地使用权的，当事人

相关法律规定	民法典物权编
应当采取书面形式订立建设用地使用权出让合同。 建设用地使用权出让合同一般包括下列条款： （一）当事人的名称和住所； （二）土地界址、面积等； （三）建筑物、构筑物及其附属设施占用的空间； （四）土地用途； （五）~~使用~~期限； （六）出让金等费用及其支付方式； （七）解决争议的方法。	应当采用书面形式订立建设用地使用权出让合同。 建设用地使用权出让合同一般包括下列条款： （一）当事人的名称和住所； （二）土地界址、面积等； （三）建筑物、构筑物及其附属设施占用的空间； （四）土地用途**、规划条件**； （五）**建设用地使用权**期限； （六）出让金等费用及其支付方式； （七）解决争议的方法。
第一百三十九条 设立建设用地使用权的，应当向登记机构申请建设用地使用权登记。建设用地使用权自登记时设立。登记机构应当向建设用地使用权人发放建设用地使用权证书。	**第三百四十九条** 设立建设用地使用权的，应当向登记机构申请建设用地使用权登记。建设用地使用权自登记时设立。登记机构应当向建设用地使用权人发放权属证书。

相关法律规定	民法典物权编
第一百四十条 建设用地使用权人应当合理利用土地，不得改变土地用途；需要改变土地用途的，应当依法经有关行政主管部门批准。	**第三百五十条** 建设用地使用权人应当合理利用土地，不得改变土地用途；需要改变土地用途的，应当依法经有关行政主管部门批准。
第一百四十一条 建设用地使用权人应当依照法律规定以及合同约定支付出让金等费用。	**第三百五十一条** 建设用地使用权人应当依照法律规定以及合同约定支付出让金等费用。
第一百四十二条 建设用地使用权人建造的建筑物、构筑物及其附属设施的所有权属于建设用地使用权人，但有相反证据证明的除外。	**第三百五十二条** 建设用地使用权人建造的建筑物、构筑物及其附属设施的所有权属于建设用地使用权人，但是有相反证据证明的除外。
第一百四十三条 建设用地使用权人有权将建设用地使用权转让、互换、出资、赠与或者抵押，但法律另有规定的除外。	**第三百五十三条** 建设用地使用权人有权将建设用地使用权转让、互换、出资、赠与或者抵押，但是法律另有规定的除外。
第一百四十四条 建设用地使用权转让、互换、出资、	**第三百五十四条** 建设用地使用权转让、互换、出资、

相关法律规定	民法典物权编
赠与或者抵押的，当事人应当采取书面形式订立相应的合同。使用期限由当事人约定，但不得超过建设用地使用权的剩余期限。	赠与或者抵押的，当事人应当采用书面形式订立相应的合同。使用期限由当事人约定，但是不得超过建设用地使用权的剩余期限。
第一百四十五条 建设用地使用权转让、互换、出资或者赠与的，应当向登记机构申请变更登记。	**第三百五十五条** 建设用地使用权转让、互换、出资或者赠与的，应当向登记机构申请变更登记。
第一百四十六条 建设用地使用权转让、互换、出资或者赠与的，附着于该土地上的建筑物、构筑物及其附属设施一并处分。	**第三百五十六条** 建设用地使用权转让、互换、出资或者赠与的，附着于该土地上的建筑物、构筑物及其附属设施一并处分。
第一百四十七条 建筑物、构筑物及其附属设施转让、互换、出资或者赠与的，该建筑物、构筑物及其附属设施占用范围内的建设用地使用权一并处分。	**第三百五十七条** 建筑物、构筑物及其附属设施转让、互换、出资或者赠与的，该建筑物、构筑物及其附属设施占用范围内的建设用地使用权一并处分。

相关法律规定	民法典物权编
第一百四十八条 建设用地使用权期间届满前，因公共利益需要提前收回该土地的，应当依照本法第四十二条的规定对该土地上的房屋及其他不动产给予补偿，并退还相应的出让金。	**第三百五十八条** 建设用地使用权期限届满前，因公共利益需要提前收回该土地的，应当依据本法第二百四十三条的规定对该土地上的房屋以及其他不动产给予补偿，并退还相应的出让金。
第一百四十九条 住宅建设用地使用权期间届满的，自动续期。 非住宅建设用地使用权期间届满后的续期，依照法律规定办理。该土地上的房屋及其他不动产的归属，有约定的，按照约定；没有约定或者约定不明确的，依照法律、行政法规的规定办理。	**第三百五十九条** 住宅建设用地使用权期限届满的，自动续期。**续期费用的缴纳或者减免，依照法律、行政法规的规定办理。** 非住宅建设用地使用权期限届满后的续期，依照法律规定办理。该土地上的房屋以及其他不动产的归属，有约定的，按照约定；没有约定或者约定不明确的，依照法律、行政法规的规定办理。
第一百五十条 建设用地使用权消灭的，出让人应当及时办理注销登记。登记机构应当收回建设用地使用权证书。	**第三百六十条** 建设用地使用权消灭的，出让人应当及时办理注销登记。登记机构应当收回权属证书。

相关法律规定	民法典物权编
第一百五十一条 集体所有的土地作为建设用地的，应当依照土地管理法等法律规定办理。	**第三百六十一条** 集体所有的土地作为建设用地的，应当依照土地管理的法律规定办理。
	第十三章 宅基地使用权
第一百五十二条 宅基地使用权人依法对集体所有的土地享有占有和使用的权利，有权依法利用该土地建造住宅及其附属设施。	**第三百六十二条** 宅基地使用权人依法对集体所有的土地享有占有和使用的权利，有权依法利用该土地建造住宅及其附属设施。
第一百五十三条 宅基地使用权的取得、行使和转让，适用土地管理法等法律和国家有关规定。	**第三百六十三条** 宅基地使用权的取得、行使和转让，适用土地管理的法律和国家有关规定。
第一百五十四条 宅基地因自然灾害等原因灭失的，宅基地使用权消灭。对失去宅基地的村民，应当重新分配宅基地。	**第三百六十四条** 宅基地因自然灾害等原因灭失的，宅基地使用权消灭。对失去宅基地的村民，应当**依法**重新分配宅基地。
第一百五十五条 已经登记的宅基地使用权转让或者消灭的，应当及时办理变更登记或者注销登记。	**第三百六十五条** 已经登记的宅基地使用权转让或者消灭的，应当及时办理变更登记或者注销登记。

相关法律规定	民法典物权编
	第十四章　居　住　权
	第三百六十六条　居住权人有权按照合同约定，对他人的住宅享有占有、使用的用益物权，以满足生活居住的需要。
	第三百六十七条　设立居住权，当事人应当采用书面形式订立居住权合同。 居住权合同一般包括下列条款： （一）当事人的姓名或者名称和住所； （二）住宅的位置； （三）居住的条件和要求； （四）居住权期限； （五）解决争议的方法。
	第三百六十八条　居住权无偿设立，但是当事人另有约定的除外。设立居住权的，应当向登记机构申请居住权登记。居住权自登记时设立。

相关法律规定	民法典物权编
	第三百六十九条 居住权不得转让、继承。设立居住权的住宅不得出租，但是当事人另有约定的除外。
	第三百七十条 居住权期限届满或者居住权人死亡的，居住权消灭。居住权消灭的，应当及时办理注销登记。
	第三百七十一条 以遗嘱方式设立居住权的，参照适用本章的有关规定。
	第十五章 地 役 权
第一百五十六条 地役权人有权按照合同约定，利用他人的不动产，以提高自己的不动产的效益。 前款所称他人的不动产为供役地，自己的不动产为需役地。	**第三百七十二条** 地役权人有权按照合同约定，利用他人的不动产，以提高自己的不动产的效益。 前款所称他人的不动产为供役地，自己的不动产为需役地。
第一百五十七条 设立地役权，当事人应当采取书面形式订立地役权合同。	**第三百七十三条** 设立地役权，当事人应当采用书面形式订立地役权合同。

相关法律规定	民法典物权编
地役权合同一般包括下列条款： （一）当事人的姓名或者名称和住所； （二）供役地和需役地的位置； （三）利用目的和方法； （四）~~利用~~期限； （五）费用及其支付方式； （六）解决争议的方法。	地役权合同一般包括下列条款： （一）当事人的姓名或者名称和住所； （二）供役地和需役地的位置； （三）利用目的和方法； （四）**地役权**期限； （五）费用及其支付方式； （六）解决争议的方法。
第一百五十八条　地役权自地役权合同生效时设立。当事人要求登记的，可以向登记机构申请地役权登记；未经登记，不得对抗善意第三人。	**第三百七十四条**　地役权自地役权合同生效时设立。当事人要求登记的，可以向登记机构申请地役权登记；未经登记，不得对抗善意第三人。
第一百五十九条　供役地权利人应当按照合同约定，允许地役权人利用其<u>土地</u>，不得妨害地役权人行使权利。	**第三百七十五条**　供役地权利人应当按照合同约定，允许地役权人利用其<u>不动产</u>，不得妨害地役权人行使权利。
第一百六十条　地役权人应当按照合同约定的利用目的	**第三百七十六条**　地役权人应当按照合同约定的利用目

相关法律规定	民法典物权编
和方法利用供役地，尽量减少对供役地权利人物权的限制。	的和方法利用供役地，尽量减少对供役地权利人物权的限制。
第一百六十一条 地役权的期限由当事人约定，但不得超过土地承包经营权、建设用地使用权等用益物权的剩余期限。	**第三百七十七条** 地役权期限由当事人约定；但是，不得超过土地承包经营权、建设用地使用权等用益物权的剩余期限。
第一百六十二条 土地所有权人享有地役权或者负担地役权的，设立土地承包经营权、宅基地使用权时，该土地承包经营权人、宅基地使用权人继续享有或者负担已设立的地役权。	**第三百七十八条** 土地所有权人享有地役权或者负担地役权的，设立土地承包经营权、宅基地使用权**等用益物权**时，该用益物权人继续享有或者负担已经设立的地役权。
第一百六十三条 土地上已设立土地承包经营权、建设用地使用权、宅基地使用权等权利的，未经用益物权人同意，土地所有权人不得设立地役权。	**第三百七十九条** 土地上已经设立土地承包经营权、建设用地使用权、宅基地使用权等用益物权的，未经用益物权人同意，土地所有权人不得设立地役权。

相关法律规定	民法典物权编
第一百六十四条 地役权不得单独转让。土地承包经营权、建设用地使用权等转让的，地役权一并转让，但合同另有约定的除外。	**第三百八十条** 地役权不得单独转让。土地承包经营权、建设用地使用权等转让的，地役权一并转让，但是合同另有约定的除外。
第一百六十五条 地役权不得单独抵押。土地~~承包~~经营权、建设用地使用权等抵押的，在实现抵押权时，地役权一并转让。	**第三百八十一条** 地役权不得单独抵押。土地经营权、建设用地使用权等抵押的，在实现抵押权时，地役权一并转让。
第一百六十六条 需役地以及需役地上的土地承包经营权、建设用地使用权部分转让时，转让部分涉及地役权的，受让人同时享有地役权。	**第三百八十二条** 需役地以及需役地上的土地承包经营权、建设用地使用权等部分转让时，转让部分涉及地役权的，受让人同时享有地役权。
第一百六十七条 供役地以及供役地上的土地承包经营权、建设用地使用权部分转让时，转让部分涉及地役权的，地役权对受让人具有约束力。	**第三百八十三条** 供役地以及供役地上的土地承包经营权、建设用地使用权等部分转让时，转让部分涉及地役权的，地役权对受让人具有法律约束力。

相关法律规定	民法典物权编
第一百六十八条 地役权人有下列情形之一的，供役地权利人有权解除地役权合同，地役权消灭： （一）违反法律规定或者合同约定，滥用地役权； （二）有偿利用供役地，约定的付款期间届满后在合理期限内经两次催告未支付费用。	**第三百八十四条** 地役权人有下列情形之一的，供役地权利人有权解除地役权合同，地役权消灭： （一）违反法律规定或者合同约定，滥用地役权； （二）有偿利用供役地，约定的付款期限届满后在合理期限内经两次催告未支付费用。
第一百六十九条 已经登记的地役权变更、转让或者消灭的，应当及时办理变更登记或者注销登记。	**第三百八十五条** 已经登记的地役权变更、转让或者消灭的，应当及时办理变更登记或者注销登记。
	第四分编 担保物权
	第十六章 一般规定
第一百七十条 担保物权人在债务人不履行到期债务或者发生当事人约定的实现担保物权的情形，依法享有就担保财产优先受偿的权利，但法律另有规定的除外。	**第三百八十六条** 担保物权人在债务人不履行到期债务或者发生当事人约定的实现担保物权的情形，依法享有就担保财产优先受偿的权利，但是法律另有规定的除外。

相关法律规定	民法典物权编
第一百七十一条 债权人在借贷、买卖等民事活动中，为保障实现其债权，需要担保的，可以依照本法和其他法律的规定设立担保物权。 第三人为债务人向债权人提供担保的，可以要求债务人提供反担保。反担保适用本法和其他法律的规定。	**第三百八十七条** 债权人在借贷、买卖等民事活动中，为保障实现其债权，需要担保的，可以依照本法和其他法律的规定设立担保物权。 第三人为债务人向债权人提供担保的，可以要求债务人提供反担保。反担保适用本法和其他法律的规定。
第一百七十二条 设立担保物权，应当依照本法和其他法律的规定订立担保合同。担保合同是主债权债务合同的从合同。主债权债务合同无效，担保合同无效，但法律另有规定的除外。 担保合同被确认无效后，债务人、担保人、债权人有过错的，应当根据其过错各自承担相应的民事责任。	**第三百八十八条** 设立担保物权，应当依照本法和其他法律的规定订立担保合同。**担保合同包括抵押合同、质押合同和其他具有担保功能的合同。**担保合同是主债权债务合同的从合同。主债权债务合同无效**的**，担保合同无效，但是法律另有规定的除外。 担保合同被确认无效后，债务人、担保人、债权人有过错的，应当根据其过错各自承担相应的民事责任。

相关法律规定	民法典物权编
第一百七十三条 担保物权的担保范围包括主债权及其利息、违约金、损害赔偿金、保管担保财产和实现担保物权的费用。当事人另有约定的，按照约定。	**第三百八十九条** 担保物权的担保范围包括主债权及其利息、违约金、损害赔偿金、保管担保财产和实现担保物权的费用。当事人另有约定的，按照**其**约定。
第一百七十四条 担保期间，担保财产毁损、灭失或者被征收等，担保物权人可以就获得的保险金、赔偿金或者补偿金等优先受偿。被担保债权的履行期未届满的，也可以提存该保险金、赔偿金或者补偿金等。	**第三百九十条** 担保期间，担保财产毁损、灭失或者被征收等，担保物权人可以就获得的保险金、赔偿金或者补偿金等优先受偿。被担保债权的履行期限未届满的，也可以提存该保险金、赔偿金或者补偿金等。
第一百七十五条 第三人提供担保，未经其书面同意，债权人允许债务人转移全部或者部分债务的，担保人不再承担相应的担保责任。	**第三百九十一条** 第三人提供担保，未经其书面同意，债权人允许债务人转移全部或者部分债务的，担保人不再承担相应的担保责任。
第一百七十六条 被担保的债权既有物的担保又有人的	**第三百九十二条** 被担保的债权既有物的担保又有人的

相关法律规定	民法典物权编
担保的，债务人不履行到期债务或者发生当事人约定的实现担保物权的情形，债权人应当按照约定实现债权；没有约定或者约定不明确，债务人自己提供物的担保的，债权人应当先就该物的担保实现债权；第三人提供物的担保的，债权人可以就物的担保实现债权，也可以要求保证人承担保证责任。提供担保的第三人承担担保责任后，有权向债务人追偿。	担保的，债务人不履行到期债务或者发生当事人约定的实现担保物权的情形，债权人应当按照约定实现债权；没有约定或者约定不明确，债务人自己提供物的担保的，债权人应当先就该物的担保实现债权；第三人提供物的担保的，债权人可以就物的担保实现债权，也可以请求保证人承担保证责任。提供担保的第三人承担担保责任后，有权向债务人追偿。
第一百七十七条　有下列情形之一的，担保物权消灭： （一）主债权消灭； （二）担保物权实现； （三）债权人放弃担保物权； （四）法律规定担保物权消灭的其他情形。	**第三百九十三条**　有下列情形之一的，担保物权消灭： （一）主债权消灭； （二）担保物权实现； （三）债权人放弃担保物权； （四）法律规定担保物权消灭的其他情形。

相关法律规定	民法典物权编
	第十七章 抵 押 权
	第一节 一般抵押权
第一百七十九条 为担保债务的履行，债务人或者第三人不转移财产的占有，将该财产抵押给债权人的，债务人不履行到期债务或者发生当事人约定的实现抵押权的情形，债权人有权就该财产优先受偿。 前款规定的债务人或者第三人为抵押人，债权人为抵押权人，提供担保的财产为抵押财产。	**第三百九十四条** 为担保债务的履行，债务人或者第三人不转移财产的占有，将该财产抵押给债权人的，债务人不履行到期债务或者发生当事人约定的实现抵押权的情形，债权人有权就该财产优先受偿。 前款规定的债务人或者第三人为抵押人，债权人为抵押权人，提供担保的财产为抵押财产。
第一百八十条 债务人或者第三人有权处分的下列财产可以抵押： （一）建筑物和其他土地附着物； （二）建设用地使用权； （三）~~以招标、拍卖、公开协商等方式取得的荒地等土地承包经营权~~；	**第三百九十五条** 债务人或者第三人有权处分的下列财产可以抵押： （一）建筑物和其他土地附着物； （二）建设用地使用权； **（三）海域使用权；** （四）生产设备、原材料、半成品、产品；

相关法律规定	民法典物权编
（四）生产设备、原材料、半成品、产品； （五）正在建造的建筑物、船舶、航空器； （六）交通运输工具； （七）法律、行政法规未禁止抵押的其他财产。 抵押人可以将前款所列财产一并抵押。	（五）正在建造的建筑物、船舶、航空器； （六）交通运输工具； （七）法律、行政法规未禁止抵押的其他财产。 抵押人可以将前款所列财产一并抵押。
第一百八十一条　~~经当事人书面协议，~~企业、个体工商户、农业生产经营者可以将现有的以及将有的生产设备、原材料、半成品、产品抵押，债务人不履行到期债务或者发生当事人约定的实现抵押权的情形，债权人有权就实现抵押权时的动产优先受偿。	**第三百九十六条**　企业、个体工商户、农业生产经营者可以将现有的以及将有的生产设备、原材料、半成品、产品抵押，债务人不履行到期债务或者发生当事人约定的实现抵押权的情形，债权人有权就抵押财产确定时的动产优先受偿。
第一百八十二条　以建筑物抵押的，该建筑物占用范围内的建设用地使用权一并抵	**第三百九十七条**　以建筑物抵押的，该建筑物占用范围内的建设用地使用权一并抵

相关法律规定	民法典物权编
押。以建设用地使用权抵押的，该土地上的建筑物一并抵押。 抵押人未依照前款规定一并抵押的，未抵押的财产视为一并抵押。	押。以建设用地使用权抵押的，该土地上的建筑物一并抵押。 抵押人未依据前款规定一并抵押的，未抵押的财产视为一并抵押。
第一百八十三条 乡镇、村企业的建设用地使用权不得单独抵押。以乡镇、村企业的厂房等建筑物抵押的，其占用范围内的建设用地使用权一并抵押。	**第三百九十八条** 乡镇、村企业的建设用地使用权不得单独抵押。以乡镇、村企业的厂房等建筑物抵押的，其占用范围内的建设用地使用权一并抵押。
第一百八十四条 下列财产不得抵押： （一）土地所有权； （二）~~耕地、~~宅基地、自留地、自留山等集体所有~~的~~土地使用权，但法律规定可以抵押的除外； （三）学校、幼儿园、医院等以公益为目的的事业单位、社会团体的教育设施、医疗卫生设施和其他~~社会~~公益设施；	**第三百九十九条** 下列财产不得抵押： （一）土地所有权； （二）宅基地、自留地、自留山等集体所有土地**的**使用权，但是法律规定可以抵押的除外； （三）学校、幼儿园、医疗机构等为公益目的**成立**的非营利法人的教育设施、医疗卫生设施和其他公益设施；

相关法律规定	民法典物权编
（四）所有权、使用权不明或者有争议的财产； （五）依法被查封、扣押、监管的财产； （六）法律、行政法规规定不得抵押的其他财产。	（四）所有权、使用权不明或者有争议的财产； （五）依法被查封、扣押、监管的财产； （六）法律、行政法规规定不得抵押的其他财产。
第一百八十五条 设立抵押权，当事人应当采取书面形式订立抵押合同。 抵押合同一般包括下列条款： （一）被担保债权的种类和数额； （二）债务人履行债务的期限； （三）抵押财产的名称、数量~~、质量、状况、所在地、所有权归属或者使用权归属~~； （四）担保的范围。	**第四百条** 设立抵押权，当事人应当采用书面形式订立抵押合同。 抵押合同一般包括下列条款： （一）被担保债权的种类和数额； （二）债务人履行债务的期限； （三）抵押财产的名称、数量**等情况**； （四）担保的范围。
第一百八十六条 抵押权人在债务履行期届满前，~~不得~~	**第四百零一条** 抵押权人在债务履行期限届满前，与抵

相关法律规定	民法典物权编
与抵押人约定债务人不履行到期债务时抵押财产归债权人所有。	押人约定债务人不履行到期债务时抵押财产归债权人所有的，**只能依法就抵押财产优先受偿**。
第一百八十七条 以本法第一百八十条第一款第一项至第三项规定的财产或者第五项规定的正在建造的建筑物抵押的，应当办理抵押登记。抵押权自登记时设立。	**第四百零二条** 以本法第三百九十五条第一款第一项至第三项规定的财产或者第五项规定的正在建造的建筑物抵押的，应当办理抵押登记。抵押权自登记时设立。
第一百八十八条 以本法第一百八十条第一款第四项、第六项规定的财产或者第五项规定的正在建造的船舶、航空器抵押的，抵押权自抵押合同生效时设立；未经登记，不得对抗善意第三人。	**第四百零三条** 以动产抵押的，抵押权自抵押合同生效时设立；未经登记，不得对抗善意第三人。
第一百八十九条 ~~企业、个体工商户、农业生产经营者以本法第一百八十一条规定的动产抵押的，应当向抵押人住~~	**第四百零四条** 以动产抵押的，不得对抗正常经营活动中已经支付合理价款并取得抵押财产的买受人。

相关法律规定	民法典物权编
所地的工商行政管理部门办理登记。抵押权自抵押合同生效时设立；未经登记，不得对抗善意第三人。 依照本法第一百八十一条规定抵押的，不得对抗正常经营活动中已支付合理价款并取得抵押财产的买受人。	
第一百九十条 订立抵押合同前抵押财产已出租的，原租赁关系不受该抵押权的影响。抵押权设立后抵押财产出租的，该租赁关系不得对抗已登记的抵押权。	**第四百零五条** 抵押权设立前，抵押财产已经出租**并转移占有**的，原租赁关系不受该抵押权的影响。
第一百九十一条 抵押期间，抵押人经抵押权人同意转让抵押财产的，应当将转让所得的价款向抵押权人提前清偿债务或者提存。转让的价款超过债权数额的部分归抵押人所有，不足部分由债务人清偿。	**第四百零六条** 抵押期间，**抵押人可以转让抵押财产。当事人另有约定的，按照其约定。抵押财产转让的，抵押权不受影响。** **抵押人转让抵押财产的，应当及时通知抵押权人。抵押**

相关法律规定	民法典物权编
~~抵押期间，抵押人未经抵押权人同意，不得转让抵押财产，但受让人代为清偿债务消灭抵押权的除外。~~	**权人能够证明抵押财产转让可能损害抵押权的，可以请求抵押人**将转让所得的价款向抵押权人提前清偿债务或者提存。转让的价款超过债权数额的部分归抵押人所有，不足部分由债务人清偿。
第一百九十二条 抵押权不得与债权分离而单独转让或者作为其他债权的担保。债权转让的，担保该债权的抵押权一并转让，但法律另有规定或者当事人另有约定的除外。	**第四百零七条** 抵押权不得与债权分离而单独转让或者作为其他债权的担保。债权转让的，担保该债权的抵押权一并转让，但是法律另有规定或者当事人另有约定的除外。
第一百九十三条 抵押人的行为足以使抵押财产价值减少的，抵押权人有权要求抵押人停止其行为。抵押财产价值减少的，抵押权人有权要求恢复抵押财产的价值，或者提供与减少的价值相应的担保。抵押人不恢复抵押财产的价值也	**第四百零八条** 抵押人的行为足以使抵押财产价值减少的，抵押权人有权请求抵押人停止其行为；抵押财产价值减少的，抵押权人有权请求恢复抵押财产的价值，或者提供与减少的价值相应的担保。抵押人不恢复抵押财产的价值，也

相关法律规定	民法典物权编
不提供担保的，抵押权人有权要求债务人提前清偿债务。	不提供担保的，抵押权人有权请求债务人提前清偿债务。
第一百九十四条 抵押权人可以放弃抵押权或者抵押权的顺位。抵押权人与抵押人可以协议变更抵押权顺位以及被担保的债权数额等内容，但抵押权的变更未经其他抵押权人书面同意，不得对其他抵押权人产生不利影响。 债务人以自己的财产设定抵押，抵押权人放弃该抵押权、抵押权顺位或者变更抵押权的，其他担保人在抵押权人丧失优先受偿权益的范围内免除担保责任，但其他担保人承诺仍然提供担保的除外。	**第四百零九条** 抵押权人可以放弃抵押权或者抵押权的顺位。抵押权人与抵押人可以协议变更抵押权顺位以及被担保的债权数额等内容。但是，抵押权的变更未经其他抵押权人书面同意**的**，不得对其他抵押权人产生不利影响。 债务人以自己的财产设定抵押，抵押权人放弃该抵押权、抵押权顺位或者变更抵押权的，其他担保人在抵押权人丧失优先受偿权益的范围内免除担保责任，但是其他担保人承诺仍然提供担保的除外。
第一百九十五条 债务人不履行到期债务或者发生当事人约定的实现抵押权的情形，抵押权人可以与抵押人协议以	**第四百一十条** 债务人不履行到期债务或者发生当事人约定的实现抵押权的情形，抵押权人可以与抵押人协议以抵

相关法律规定	民法典物权编
抵押财产折价或者以拍卖、变卖该抵押财产所得的价款优先受偿。协议损害其他债权人利益的，其他债权人可以~~在知道或者应当知道撤销事由之日起一年内~~请求人民法院撤销该协议。 抵押权人与抵押人未就抵押权实现方式达成协议的，抵押权人可以请求人民法院拍卖、变卖抵押财产。 抵押财产折价或者变卖的，应当参照市场价格。	押财产折价或者以拍卖、变卖该抵押财产所得的价款优先受偿。协议损害其他债权人利益的，其他债权人可以请求人民法院撤销该协议。 抵押权人与抵押人未就抵押权实现方式达成协议的，抵押权人可以请求人民法院拍卖、变卖抵押财产。 抵押财产折价或者变卖的，应当参照市场价格。
第一百九十六条 依照本法第一百八十一条规定设定抵押的，抵押财产自下列情形之一发生时确定： （一）债务履行期届满，债权未实现； （二）抵押人被宣告破产或者被撤销；	**第四百一十一条** 依据本法第三百九十六条规定设定抵押的，抵押财产自下列情形之一发生时确定： （一）债务履行期限届满，债权未实现； （二）抵押人被宣告破产或者解散；

相关法律规定	民法典物权编
（三）当事人约定的实现抵押权的情形； （四）严重影响债权实现的其他情形。	（三）当事人约定的实现抵押权的情形； （四）严重影响债权实现的其他情形。
第一百九十七条 债务人不履行到期债务或者发生当事人约定的实现抵押权的情形，致使抵押财产被人民法院依法扣押的，自扣押之日起抵押权人有权收取该抵押财产的天然孳息或者法定孳息，但抵押权人未通知应当清偿法定孳息的义务人的除外。 前款规定的孳息应当先充抵收取孳息的费用。	**第四百一十二条** 债务人不履行到期债务或者发生当事人约定的实现抵押权的情形，致使抵押财产被人民法院依法扣押的，自扣押之日起，抵押权人有权收取该抵押财产的天然孳息或者法定孳息，但是抵押权人未通知应当清偿法定孳息义务人的除外。 前款规定的孳息应当先充抵收取孳息的费用。
第一百九十八条 抵押财产折价或者拍卖、变卖后，其价款超过债权数额的部分归抵押人所有，不足部分由债务人清偿。	**第四百一十三条** 抵押财产折价或者拍卖、变卖后，其价款超过债权数额的部分归抵押人所有，不足部分由债务人清偿。

相关法律规定	民法典物权编
第一百九十九条 同一财产向两个以上债权人抵押的，拍卖、变卖抵押财产所得的价款依照下列规定清偿： （一）抵押权已登记的，按照登记的先后顺序清偿；~~顺序相同的，按照债权比例清偿~~； （二）抵押权已登记的先于未登记的受偿； （三）抵押权未登记的，按照债权比例清偿。	**第四百一十四条** 同一财产向两个以上债权人抵押的，拍卖、变卖抵押财产所得的价款依照下列规定清偿： （一）抵押权已经登记的，按照登记的**时间**先后确定清偿顺序； （二）抵押权已经登记的先于未登记的受偿； （三）抵押权未登记的，按照债权比例清偿。 **其他可以登记的担保物权，清偿顺序参照适用前款规定。**
	第四百一十五条 同一财产既设立抵押权又设立质权的，拍卖、变卖该财产所得的价款按照登记、交付的时间先后确定清偿顺序。
	第四百一十六条 动产抵押担保的主债权是抵押物的价款，标的物交付后十日内办理

相关法律规定	民法典物权编
	抵押登记的，该抵押权人优先于抵押物买受人的其他担保物权人受偿，但是留置权人除外。
第二百条 建设用地使用权抵押后，该土地上新增的建筑物不属于抵押财产。该建设用地使用权实现抵押权时，应当将该土地上新增的建筑物与建设用地使用权一并处分，但新增建筑物所得的价款，抵押权人无权优先受偿。	**第四百一十七条** 建设用地使用权抵押后，该土地上新增的建筑物不属于抵押财产。该建设用地使用权实现抵押权时，应当将该土地上新增的建筑物与建设用地使用权一并处分。但是，新增建筑物所得的价款，抵押权人无权优先受偿。
第二百零一条 ~~依照本法第一百八十条第一款第三项规定的土地承包经营权抵押的，或者依照本法第一百八十三条规定以乡镇、村企业的厂房等建筑物占用范围内的建设用地使用权一并~~抵押的，实现抵押权后，未经法定程序，不得改变土地所有权的性质和土地用途。	**第四百一十八条** **以集体所有土地的使用权依法**抵押的，实现抵押权后，未经法定程序，不得改变土地所有权的性质和土地用途。

相关法律规定	民法典物权编
第二百零二条 抵押权人应当在主债权诉讼时效期间行使抵押权；未行使的，人民法院不予保护。	**第四百一十九条** 抵押权人应当在主债权诉讼时效期间行使抵押权；未行使的，人民法院不予保护。
	第二节 最高额抵押权
第二百零三条 为担保债务的履行，债务人或者第三人对一定期间内将要连续发生的债权提供担保财产的，债务人不履行到期债务或者发生当事人约定的实现抵押权的情形，抵押权人有权在最高债权额限度内就该担保财产优先受偿。 最高额抵押权设立前已经存在的债权，经当事人同意，可以转入最高额抵押担保的债权范围。	**第四百二十条** 为担保债务的履行，债务人或者第三人对一定期间内将要连续发生的债权提供担保财产的，债务人不履行到期债务或者发生当事人约定的实现抵押权的情形，抵押权人有权在最高债权额限度内就该担保财产优先受偿。 最高额抵押权设立前已经存在的债权，经当事人同意，可以转入最高额抵押担保的债权范围。
第二百零四条 最高额抵押担保的债权确定前，部分债权转让的，最高额抵押权不得转让，但当事人另有约定的除外。	**第四百二十一条** 最高额抵押担保的债权确定前，部分债权转让的，最高额抵押权不得转让，但是当事人另有约定的除外。

相关法律规定	民法典物权编
第二百零五条 最高额抵押担保的债权确定前，抵押权人与抵押人可以通过协议变更债权确定的期间、债权范围以及最高债权额，但变更的内容不得对其他抵押权人产生不利影响。	**第四百二十二条** 最高额抵押担保的债权确定前，抵押权人与抵押人可以通过协议变更债权确定的期间、债权范围以及最高债权额。但是，变更的内容不得对其他抵押权人产生不利影响。
第二百零六条 有下列情形之一的，抵押权人的债权确定： （一）约定的债权确定期间届满； （二）没有约定债权确定期间或者约定不明确，抵押权人或者抵押人自最高额抵押权设立之日起满二年后请求确定债权； （三）新的债权不可能发生； （四）抵押财产被查封、扣押；	**第四百二十三条** 有下列情形之一的，抵押权人的债权确定： （一）约定的债权确定期间届满； （二）没有约定债权确定期间或者约定不明确，抵押权人或者抵押人自最高额抵押权设立之日起满二年后请求确定债权； （三）新的债权不可能发生； （四）**抵押权人知道或者应当知道**抵押财产被查封、扣押；

相关法律规定	民法典物权编
（五）债务人、抵押人被宣告破产或者被撤销； （六）法律规定债权确定的其他情形。	（五）债务人、抵押人被宣告破产或者解散； （六）法律规定债权确定的其他情形。
第二百零七条　最高额抵押权除适用本节规定外，适用本章第一节~~一般抵押权~~的规定。	**第四百二十四条**　最高额抵押权除适用本节规定外，适用本章第一节的**有关**规定。
	第十八章　质权
	第一节　动产质权
第二百零八条　为担保债务的履行，债务人或者第三人将其动产出质给债权人占有的，债务人不履行到期债务或者发生当事人约定的实现质权的情形，债权人有权就该动产优先受偿。 前款规定的债务人或者第三人为出质人，债权人为质权人，交付的动产为质押财产。	**第四百二十五条**　为担保债务的履行，债务人或者第三人将其动产出质给债权人占有的，债务人不履行到期债务或者发生当事人约定的实现质权的情形，债权人有权就该动产优先受偿。 前款规定的债务人或者第三人为出质人，债权人为质权人，交付的动产为质押财产。

相关法律规定	民法典物权编
第二百零九条 法律、行政法规禁止转让的动产不得出质。	**第四百二十六条** 法律、行政法规禁止转让的动产不得出质。
第二百一十条 设立质权，当事人应当采取书面形式订立质权合同。 质权合同一般包括下列条款： （一）被担保债权的种类和数额； （二）债务人履行债务的期限； （三）质押财产的名称、数量~~、质量、状况~~； （四）担保的范围； （五）质押财产交付的时间。	**第四百二十七条** 设立质权，当事人应当采用书面形式订立质押合同。 质押合同一般包括下列条款： （一）被担保债权的种类和数额； （二）债务人履行债务的期限； （三）质押财产的名称、数量**等情况**； （四）担保的范围； （五）质押财产交付的时间、**方式**。
第二百一十一条 质权人在债务履行期届满前，~~不得~~与出质人约定债务人不履行到期债务时质押财产归债权人所有。	**第四百二十八条** 质权人在债务履行期限届满前，与出质人约定债务人不履行到期债务时质押财产归债权人所有**的，只能依法就质押财产优先受偿**。

相关法律规定	民法典物权编
第二百一十二条 质权自出质人交付质押财产时设立。	**第四百二十九条** 质权自出质人交付质押财产时设立。
第二百一十三条 质权人有权收取质押财产的孳息，但合同另有约定的除外。 前款规定的孳息应当先充抵收取孳息的费用。	**第四百三十条** 质权人有权收取质押财产的孳息，但是合同另有约定的除外。 前款规定的孳息应当先充抵收取孳息的费用。
第二百一十四条 质权人在质权存续期间，未经出质人同意，擅自使用、处分质押财产，给出质人造成损害的，应当承担赔偿责任。	**第四百三十一条** 质权人在质权存续期间，未经出质人同意，擅自使用、处分质押财产，造成出质人损害的，应当承担赔偿责任。
第二百一十五条 质权人负有妥善保管质押财产的义务；因保管不善致使质押财产毁损、灭失的，应当承担赔偿责任。 质权人的行为可能使质押财产毁损、灭失的，出质人可以要求质权人将质押财产提存，或者要求提前清偿债务并返还质押财产。	**第四百三十二条** 质权人负有妥善保管质押财产的义务；因保管不善致使质押财产毁损、灭失的，应当承担赔偿责任。 质权人的行为可能使质押财产毁损、灭失的，出质人可以请求质权人将质押财产提存，或者请求提前清偿债务并返还质押财产。

相关法律规定	民法典物权编
第二百一十六条 因不能归责于质权人的事由可能使质押财产毁损或者价值明显减少，足以危害质权人权利的，质权人有权要求出质人提供相应的担保；出质人不提供的，质权人可以拍卖、变卖质押财产，并与出质人~~通过~~协议将拍卖、变卖所得的价款提前清偿债务或者提存。	**第四百三十三条** 因不可归责于质权人的事由可能使质押财产毁损或者价值明显减少，足以危害质权人权利的，质权人有权请求出质人提供相应的担保；出质人不提供的，质权人可以拍卖、变卖质押财产，并与出质人协议将拍卖、变卖所得的价款提前清偿债务或者提存。
第二百一十七条 质权人在质权存续期间，未经出质人同意转质，造成质押财产毁损、灭失的，应当~~向出质人~~承担赔偿责任。	**第四百三十四条** 质权人在质权存续期间，未经出质人同意转质，造成质押财产毁损、灭失的，应当承担赔偿责任。
第二百一十八条 质权人可以放弃质权。债务人以自己的财产出质，质权人放弃该质权的，其他担保人在质权人丧失优先受偿权益的范围内免除担保责任，但其他担保人承诺仍然提供担保的除外。	**第四百三十五条** 质权人可以放弃质权。债务人以自己的财产出质，质权人放弃该质权的，其他担保人在质权人丧失优先受偿权益的范围内免除担保责任，但是其他担保人承诺仍然提供担保的除外。

相关法律规定	民法典物权编
第二百一十九条 债务人履行债务或者出质人提前清偿所担保的债权的，质权人应当返还质押财产。 债务人不履行到期债务或者发生当事人约定的实现质权的情形，质权人可以与出质人协议以质押财产折价，也可以就拍卖、变卖质押财产所得的价款优先受偿。 质押财产折价或者变卖的，应当参照市场价格。	**第四百三十六条** 债务人履行债务或者出质人提前清偿所担保的债权的，质权人应当返还质押财产。 债务人不履行到期债务或者发生当事人约定的实现质权的情形，质权人可以与出质人协议以质押财产折价，也可以就拍卖、变卖质押财产所得的价款优先受偿。 质押财产折价或者变卖的，应当参照市场价格。
第二百二十条 出质人可以请求质权人在债务履行期届满后及时行使质权；质权人不行使的，出质人可以请求人民法院拍卖、变卖质押财产。 出质人请求质权人及时行使质权，因质权人怠于行使权利造成损害的，由质权人承担赔偿责任。	**第四百三十七条** 出质人可以请求质权人在债务履行期限届满后及时行使质权；质权人不行使的，出质人可以请求人民法院拍卖、变卖质押财产。 出质人请求质权人及时行使质权，因质权人怠于行使权利造成**出质人**损害的，由质权人承担赔偿责任。

相关法律规定	民法典物权编
第二百二十一条 质押财产折价或者拍卖、变卖后，其价款超过债权数额的部分归出质人所有，不足部分由债务人清偿。	**第四百三十八条** 质押财产折价或者拍卖、变卖后，其价款超过债权数额的部分归出质人所有，不足部分由债务人清偿。
第二百二十二条 出质人与质权人可以协议设立最高额质权。 最高额质权除适用本节有关规定外，参照<u>本法第十六章</u>第二节~~最高额抵押权~~的规定。	**第四百三十九条** 出质人与质权人可以协议设立最高额质权。 最高额质权除适用本节有关规定外，参照适用<u>本编第十七章</u>第二节的**有关**规定。
	第二节 权利质权
第二百二十三条 债务人或者第三人有权处分的下列权利可以出质： （一）汇票、<u>支票、本票</u>； （二）债券、存款单； （三）仓单、提单； （四）可以转让的基金份额、股权；	**第四百四十条** 债务人或者第三人有权处分的下列权利可以出质： （一）汇票、<u>本票、支票</u>； （二）债券、存款单； （三）仓单、提单； （四）可以转让的基金份额、股权；

相关法律规定	民法典物权编
（五）可以转让的注册商标专用权、专利权、著作权等知识产权中的财产权； （六）应收账款； （七）法律、行政法规规定可以出质的其他财产权利。	（五）可以转让的注册商标专用权、专利权、著作权等知识产权中的财产权； （六）**现有的以及将有的**应收账款； （七）法律、行政法规规定可以出质的其他财产权利。
第二百二十四条 以汇票、支票、本票、债券、存款单、仓单、提单出质的，~~当事人应当订立书面合同。~~质权自权利凭证交付质权人时设立；没有权利凭证的，质权自~~有关部门~~办理出质登记时设立。	**第四百四十一条** 以汇票、本票、支票、债券、存款单、仓单、提单出质的，质权自权利凭证交付质权人时设立；没有权利凭证的，质权自办理出质登记时设立。**法律另有规定的，依照其规定。**
第二百二十五条 汇票、支票、本票、债券、存款单、仓单、提单的兑现日期或者提货日期先于主债权到期的，质权人可以兑现或者提货，并与出质人协议将兑现的价款或者提取的货物提前清偿债务或者提存。	**第四百四十二条** 汇票、本票、支票、债券、存款单、仓单、提单的兑现日期或者提货日期先于主债权到期的，质权人可以兑现或者提货，并与出质人协议将兑现的价款或者提取的货物提前清偿债务或者提存。

相关法律规定	民法典物权编
第二百二十六条 以基金份额、股权出质的，~~当事人应当订立书面合同。以基金份额、证券登记结算机构登记的股权出质的，质权自证券登记结算机构办理出质登记时设立；以其他股权出质的，~~质权自~~工商行政管理部门~~办理出质登记时设立。 基金份额、股权出质后，不得转让，但经出质人与质权人协商同意的除外。出质人转让基金份额、股权所得的价款，应当向质权人提前清偿债务或者提存。	**第四百四十三条** 以基金份额、股权出质的，质权自办理出质登记时设立。 基金份额、股权出质后，不得转让，但是出质人与质权人协商同意的除外。出质人转让基金份额、股权所得的价款，应当向质权人提前清偿债务或者提存。
第二百二十七条 以注册商标专用权、专利权、著作权等知识产权中的财产权出质的，~~当事人应当订立书面合同。~~质权自~~有关主管部门~~办理出质登记时设立。	**第四百四十四条** 以注册商标专用权、专利权、著作权等知识产权中的财产权出质的，质权自办理出质登记时设立。 知识产权中的财产权出质

相关法律规定	民法典物权编
知识产权中的财产权出质后，出质人不得转让或者许可他人使用，但经出质人与质权人协商同意的除外。出质人转让或者许可他人使用出质的知识产权中的财产权所得的价款，应当向质权人提前清偿债务或者提存。	后，出质人不得转让或者许可他人使用，但是出质人与质权人协商同意的除外。出质人转让或者许可他人使用出质的知识产权中的财产权所得的价款，应当向质权人提前清偿债务或者提存。
第二百二十八条 以应收账款出质的，当事人应当订立书面合同。质权自信贷征信机构办理出质登记时设立。 应收账款出质后，不得转让，但经出质人与质权人协商同意的除外。出质人转让应收账款所得的价款，应当向质权人提前清偿债务或者提存。	**第四百四十五条** 以应收账款出质的，质权自办理出质登记时设立。 应收账款出质后，不得转让，但是出质人与质权人协商同意的除外。出质人转让应收账款所得的价款，应当向质权人提前清偿债务或者提存。
第二百二十九条 权利质权除适用本节规定外，适用本章第一节动产质权的规定。	**第四百四十六条** 权利质权除适用本节规定外，适用本章第一节的**有关**规定。

相关法律规定	民法典物权编
	第十九章　留　置　权
第二百三十条　债务人不履行到期债务，债权人可以留置已经合法占有的债务人的动产，并有权就该动产优先受偿。 前款规定的债权人为留置权人，占有的动产为留置财产。	**第四百四十七条**　债务人不履行到期债务，债权人可以留置已经合法占有的债务人的动产，并有权就该动产优先受偿。 前款规定的债权人为留置权人，占有的动产为留置财产。
第二百三十一条　债权人留置的动产，应当与债权属于同一法律关系，但企业之间留置的除外。	**第四百四十八条**　债权人留置的动产，应当与债权属于同一法律关系，但是企业之间留置的除外。
第二百三十二条　法律规定或者当事人约定不得留置的动产，不得留置。	**第四百四十九条**　法律规定或者当事人约定不得留置的动产，不得留置。
第二百三十三条　留置财产为可分物的，留置财产的价值应当相当于债务的金额。	**第四百五十条**　留置财产为可分物的，留置财产的价值应当相当于债务的金额。
第二百三十四条　留置权人负有妥善保管留置财产的义务；因保管不善致使留置财产毁损、灭失的，应当承担赔偿责任。	**第四百五十一条**　留置权人负有妥善保管留置财产的义务；因保管不善致使留置财产毁损、灭失的，应当承担赔偿责任。

相关法律规定	民法典物权编
第二百三十五条 留置权人有权收取留置财产的孳息。 前款规定的孳息应当先充抵收取孳息的费用。	**第四百五十二条** 留置权人有权收取留置财产的孳息。 前款规定的孳息应当先充抵收取孳息的费用。
第二百三十六条 留置权人与债务人应当约定留置财产后的债务履行期间；没有约定或者约定不明确的，留置权人应当给债务人两个月以上履行债务的期间，但鲜活易腐等不易保管的动产除外。债务人逾期未履行的，留置权人可以与债务人协议以留置财产折价，也可以就拍卖、变卖留置财产所得的价款优先受偿。 留置财产折价或者变卖的，应当参照市场价格。	**第四百五十三条** 留置权人与债务人应当约定留置财产后的债务履行期限；没有约定或者约定不明确的，留置权人应当给债务人六十日以上履行债务的期限，但是鲜活易腐等不易保管的动产除外。债务人逾期未履行的，留置权人可以与债务人协议以留置财产折价，也可以就拍卖、变卖留置财产所得的价款优先受偿。 留置财产折价或者变卖的，应当参照市场价格。
第二百三十七条 债务人可以请求留置权人在债务履行期届满后行使留置权；留置权人不行使的，债务人可以请求人民法院拍卖、变卖留置财产。	**第四百五十四条** 债务人可以请求留置权人在债务履行期限届满后行使留置权；留置权人不行使的，债务人可以请求人民法院拍卖、变卖留置财产。

相关法律规定	民法典物权编
第二百三十八条 留置财产折价或者拍卖、变卖后，其价款超过债权数额的部分归债务人所有，不足部分由债务人清偿。	**第四百五十五条** 留置财产折价或者拍卖、变卖后，其价款超过债权数额的部分归债务人所有，不足部分由债务人清偿。
第二百三十九条 同一动产上已设立抵押权或者质权，该动产又被留置的，留置权人优先受偿。	**第四百五十六条** 同一动产上已经设立抵押权或者质权，该动产又被留置的，留置权人优先受偿。
第二百四十条 留置权人对留置财产丧失占有或者留置权人接受债务人另行提供担保的，留置权消灭。	**第四百五十七条** 留置权人对留置财产丧失占有或者留置权人接受债务人另行提供担保的，留置权消灭。
	第五分编 占有
	第二十章 占有
第二百四十一条 基于合同关系等产生的占有，有关不动产或者动产的使用、收益、违约责任等，按照合同约定；合同没有约定或者约定不明确的，依照有关法律规定。	**第四百五十八条** 基于合同关系等产生的占有，有关不动产或者动产的使用、收益、违约责任等，按照合同约定；合同没有约定或者约定不明确的，依照有关法律规定。

相关法律规定	民法典物权编
第二百四十二条　占有人因使用占有的不动产或者动产，致使该不动产或者动产受到损害的，恶意占有人应当承担赔偿责任。	**第四百五十九条**　占有人因使用占有的不动产或者动产，致使该不动产或者动产受到损害的，恶意占有人应当承担赔偿责任。
第二百四十三条　不动产或者动产被占有人占有的，权利人可以请求返还原物及其孳息，但应当支付善意占有人因维护该不动产或者动产支出的必要费用。	**第四百六十条**　不动产或者动产被占有人占有的，权利人可以请求返还原物及其孳息；但是，应当支付善意占有人因维护该不动产或者动产支出的必要费用。
第二百四十四条　占有的不动产或者动产毁损、灭失，该不动产或者动产的权利人请求赔偿的，占有人应当将因毁损、灭失取得的保险金、赔偿金或者补偿金等返还给权利人；权利人的损害未得到足够弥补的，恶意占有人还应当赔偿损失。	**第四百六十一条**　占有的不动产或者动产毁损、灭失，该不动产或者动产的权利人请求赔偿的，占有人应当将因毁损、灭失取得的保险金、赔偿金或者补偿金等返还给权利人；权利人的损害未得到足够弥补的，恶意占有人还应当赔偿损失。

相关法律规定	民法典物权编
第二百四十五条　占有的不动产或者动产被侵占的，占有人有权请求返还原物；对妨害占有的行为，占有人有权请求排除妨害或者消除危险；因侵占或者妨害造成损害的，占有人有权请求损害赔偿。 占有人返还原物的请求权，自侵占发生之日起一年内未行使的，该请求权消灭。	**第四百六十二条**　占有的不动产或者动产被侵占的，占有人有权请求返还原物；对妨害占有的行为，占有人有权请求排除妨害或者消除危险；因侵占或者妨害造成损害的，占有人有权**依法**请求损害赔偿。 占有人返还原物的请求权，自侵占发生之日起一年内未行使的，该请求权消灭。

图书在版编目（CIP）数据

民法典物权编热点问题150问／中国法制出版社编. —北京：中国法制出版社，2020.7
（公民新法早知道系列）
ISBN 978-7-5216-1099-4

Ⅰ.①民… Ⅱ.①中… Ⅲ.①物权法-中国-问题解答 Ⅳ.①D923.25

中国版本图书馆CIP数据核字（2020）第080227号

策划编辑：戴蕊（dora6322@sina.com）
责任编辑：周琼妮 朱自文
封面设计：周黎明

民法典物权编热点问题150问
MINFADIAN WUQUANBIAN REDIAN WENTI 150 WEN

编者/中国法制出版社
经销/新华书店
印刷/煤炭工业出版社印刷厂
开本/880毫米×1230毫米 32开
印张/10 字数/180千
版次/2020年7月第1版
2020年7月第1次印刷

中国法制出版社出版
书号 ISBN 978-7-5216-1099-4
定价：38.00元

北京西单横二条2号
邮政编码 100031
传真：010-66031119
网址：http：//www.zgfzs.com
编辑部电话：010-66067023
市场营销部电话：010-66033393
邮购部电话：010-66033288